활 내는 할아버지의
활터탐방
DMZ에서 제주도까지...

活眼 서진수 지음

들어가는 말

활쏘기國弓는 수천 년 동안 우리 민족의 혼과 얼을 이어온 전통 무예이다. 활터는 단순히 활을 쏘는 공간이 아니라, 우리의 소중한 문화유산이자 지역 사회의 풍토와 정서, 그리고 사람들의 삶과 애환이 깃든 장소이기도 하다. 활터는 그 자체로 한국 전통 문화의 중요한 일부를 이루며, 활터마다 숨겨진 이야기와 역사를 체험하는 탐방 습사는 한량閑良들에게 긱빌한 의미를 갖는다.

한량은 본래 조선시대 무과武科에 급제하고 발령을 대기하는 자를 의미했으나, 오늘날에는 활을 쏘며 인생을 즐기는 사람들을 뜻하는 의미로 확장되었다. 필자와 같은 한량들에게 활터 탐방은 단순한 취미를 넘어, 전통의 계승과 정신적 힐링을 동시에 경험할 수 있는 소중한 기회가 된다.

필자가 직접 습사習射를 다녀온 활터를 중심으로 본 서를 엮었다. 특히, 우리나라는 삼면이 바다로 둘러싸여 있어 천혜의 절경을 자랑하는 만큼, 이번 책에서는 해안 지역의 활터를 중심으로 소개하고자 하였다. 우리나라의 가슴 아픈 분단의 현장을 담고 있는 접경지역의 활터 탐방을 더했다.

제주도의 활터를 시작으로, 일출과 힐링의 명소로 손꼽히는 동해안, 먹거리와 볼거리가 풍성한 남해안, 낙조가 아름다운 서해안, 그리고 분단의 현장을 느낄 수 있는 강화도까지 아우르며, 155마일 DMZ 인근 활터 탐방 습사를 포함한 '활터 100選'을 소개하였다. 이를 통해 한량들에게 활쏘기의 특별한 매력을 공유하고자 한다. 물론 내륙에도 유서 깊고 아름다운 활터가 많지만, 이에 대한 소개는 다음 기회로 미루거나, 이미 탐방하고 계신 다른 한량들의 몫으로 남겨두고자 한다.

이 책은 단순한 활터 탐방을 넘어, 활터를 중심으로 역사와 문화, 그리고 지역을 대표하는 먹거리를 함께 즐길 수 있는, 스토리가 있는 여행 안내서이다. 독자들은 전통과 현대가 조화를 이루는 활터에서 활을 내면서, 활쏘기 특유의 정서와 매력을 직·간접적으로 체험할 수 있을 것이다. 이를 통해 활을 배우고 익히면서 한량으로서의 자긍심을 높이고, 힐링의 기회를 얻기를 기대해 본다.

활쏘기는 단순한 스포츠가 아니라, 조선시대부터 면면히 이어져 내려온 우리 민족의 전통 무예이다. 집궁執弓한 궁도인弓道人 모두가 염원하듯, 활쏘기 문화가 더욱 체계적으로 발전하기를 기대한다.

다행스럽게도, 몇 해 전 정부 관계 부처에서 국궁國弓을 무형문화재 제142호로 지정한 바 있으며, 최근에는 젊은 궁사들이 활터를 찾아 전통의 맥을 이어가고 있어 매우 고무적이다. 필자는 이 책을 통해 활쏘기의 매력과 즐거움을 보다 많은 사람들에게 전하고, 우리 국궁 문화의 깊이를 이해하는 데 작은 보탬이 되고자 하는 간절한 마음으로 집필할 용기를 내게 되었다.

참고로, 본서는 필자가 직접 습사한 활터를 중심으로 구성하였으나, 혹시 놓친 부분이 있을 경우 SNS 등 공개된 자료를 참고하였다. 또한, 필자가 탐방 습사를 다녀온 후 활터가 증설되거나 변형된 부분이 있을 가능성이 있지만, 탐방 당시의 시점을 기준으로 서술하였음을 양해해 주기 바란다. 예를 들어, 일부 활터는 불가피한 사정으로 폐정廢亭되었으며, 반면에 지방자치단체의 활터 현대화 사업의 일환으로 과녁이 증설되거나 이정移亭된 곳도 여러 군데 있는 것으로 파악된다. 그러나, 본서에서는 탐방 당시의 상황을 기준으로 일관되게 기술하였다.

부록으로는 대한궁도협회에 등록된 전국 사정射亭 현황, 전국 전통 5일장 현황, 전국 유명 전통주 현황 등을 첨부하였다. 또한, 활쏘기와 관련하여 우리 일상에 뿌리내린 속담을 함께 소개하여 독자들에게 더욱 흥미로운 읽을거리를 제공하였다.

 마지막으로, 필자가 활터 습사 시 따뜻하게 맞아 주신 사두射頭님을 비롯한 사우射友 여러분께 깊은 감사를 전한다. 또한, 탐방습사에 늘 함께 동행해 주고, 이 책이 출간되기까지 아낌없는 응원을 보내 준 사랑하는 가족에게도 진심 어린 감사의 마음을 전하는 바이다.

책 발간의 동기

 필자의 집궁 경력은 미천하지만, 활을 내고 배우면서 동양 철학적 사고를 바탕으로 국궁 활쏘기 문화를 다음과 같이 이해하고 있다. "활쏘기는 예의와 겸손, 그리고 겸양의 운동이며, 동시에 우주의 기氣를 움켜쥐고 마음을 다스리는 과정이다." 필자는 고요함 속에서도 끊임없이 움직이는, 정적이면서도 동적인 무예라고 정의하며 수련에 정진하고 있다.

 한 외국인과 같은 활터에서 함께 수련하면서 활쏘기에 대해 참으로 도움이 되는 글을 처음 접하여 이를 소개한다. 그는 주한 벨기에 대사를 역임한 프랑수아 봉땅François Bontemps 접장으로서, 그가 반구대 암각화 유네스코 등재 기원 행사에서 축사한 내용이 우리 후배 궁사들에게 활쏘기에 대한 이해와 도움이 될까 하여 그 내용을 간추려 소개하고자 한다.

"첫째, 각궁은 거꾸로 된 복합 활을 사용합니다. 활을 쏘기 위해 올리지 않은 상태에서는 원을 형성합니다. 활을 올리면 바람이 부는 듯한 모양의 두 개의 곡선을 형성합니다. 이 활은 유연성과 강도를 부여하는 다양한 천연 재료로 만들어진 경이로운 기술입니다.

둘째, 활을 쏘는 동작은 모두 원형입니다. 활을 쏘는 사람은 과녁 앞에 서서 몸을 땅과 하늘 또는 천국 사이를 축으로 삼아 회전합니다. 팔과 손목은 특별한 방식으로 비틀리고 회전합니다. 활을 쏘는 사람은 모든 동작 사이의 연속성, 대응성, 균형을 유지해야 합니다. 이는 오랜 연습을 통해서만 달성할 수 있습니다.

셋째, 활을 쏘는 사람은 자신이 원의 일부이며, 자신의 몸과 마음, 영혼이 세상과 동료들을 통해 흐르는 생명 에너지인 '기氣'를 받기 위해 열려 있다는 것을 깨

달아야 합니다.

이것은 특히 자기중심적이고 직선적인 고전 서양 철학에서 교육받은 사람에게 가장 중요하면서도 이해하기 어려운 부분입니다.

저는 목표에 도달해야 한다는 필요성이나 자존심을 버렸을 때 비로소 이 예술에서 진전을 이룰 수 있었습니다.

자만심을 버리고 세상에 마음을 열며 주변을 포용하고, 새소리와 나무의 바람 소리를 듣고, 소나무와 풀 냄새를 맡으며, 바위와 숲에 비치는 빛에 감탄하고, 나를 격려하는 동료들의 우정을 느끼는 것이 발전의 길이었습니다.

그리고 마침내 저 자신이 화살과 함께 날아가는 듯한 마음으로 이 세상을 연결하는 소박한 곡선이나 매듭이 되어 행복했습니다.

이것이 바로 겸손과 나눔의 교훈입니다."*

외국인임에도 불구하고 우리의 전통 무예를 깊이 있는 철학적 사고와 정확한 이해를 바탕으로 정의한 봉땅 대사에게 감사의 마음을 전한다.

이처럼 훌륭한 우리의 전통 무예에 늦깎이로 입문한 스스로를 되돌아보며, 전국에 산재한 활터를 탐방하고 수련하면서 뛰어난 선배 접장님들의 혼과 얼을 느끼게 되었다. 그리고 필자에게 부족했던 마지막 퍼즐 한 조각을 발견한 듯한 감개무량함을 경험하게 되었다.

이 책을 구상하면서, 당초에는 제주에서 설악까지 삼면이 바다로 둘러싸인 우리나라의 특성을 고려하여 동·서·남해안을 따라 활터 탐방 습사를 소개하는 것을 중심으로 기획하였다. 그러나 우리나라의 현실과

---

* 2023년 10월 28일 울산반구대 암각화 활쏘기 학술세미나 축사
  (http://www.archerynews.net/news/view.asp?idx=2323)

특수성을 감안하여, 분단의 현장을 함께 체험하는 한편, 한량들에게 더욱 깊은 흥미를 더하고자 DMZ를 따르는 활터 탐방 습사를 추가로 소개하게 되었다.

이렇게 내륙의 활터를 제외하고도 우리나라 전역을 한 바퀴 돌아볼 수 있는 활터 탐방 습사 안내서가 될 것을 상상하니, 필자의 가슴이 뛰는 대목이다.

2025년 春 活眼 **서진수**

Preface

Gukgung(Korean traditional archery) is a traditional martial art deeply rooted in the heart and soul of the Korean people. A *Hwalteo*(Korean traditional archery site) is not merely a place to shoot arrows — it is a treasured part of our cultural heritage, reflecting the traditions, emotions, and lives of the local community. More than just an archery range, each *Hwalteo* carries the stories and history of those who have gathered there for generations, making it a meaningful place for every *Hanryang*.

Originally, *Hanryang* was a term used in the Joseon Dynasty to refer to individuals who had passed the military officer examination and were awaiting their appointment. Today, the term has come to include anyone who finds joy in archery. For a *Hanryang* like me, visiting a *Hwalteo* is more than a hobby—it is a way to connect with tradition and experience spiritual fulfillment.

This book chronicles the *Hwalteo* I have visited. Since Korea is surrounded by the sea on three sides and boasts stunning natural scenery, I have focused on *Hwalteo* in coastal areas. I have also included those in border regions, where the sorrow of Korea's division remains ever present.

Starting from Jeju Island, I introduce what I consider the 100 finest *Hwalteo*, including those along the 155-mile-long DMZ. This journey takes you along the east coast, where magnificent sunrises bring solace; the south coast, known for its rich culinary scene and scenic beauty; the west coast, famous for its stunning sunsets; and Ganghwa Island, where the reality of division is deeply felt. Through this book, I hope to convey the unique allure of archery. Of course, many other historic and picturesque *Hwalteo* exist in inland regions, but I leave those for another time—or for fellow *Hanryang* to explore.

This book is more than just a guide to *Hwalteo*. It is a travelogue interwoven with stories, inviting readers to immerse themselves in the history, culture, and even local cuisine surrounding these sites. Whether you visit a *Hwalteo* in person or experience it through these pages, I hope you will come to appreciate the rich traditions of archery. Through this journey, I also hope more people will pick up a bow, deepen their pride as *Hanryang*, and find moments of healing along the way.

Archery is not just a sport; it is a martial art that has been passed down through generations since the Joseon Dynasty. Like all traditional archers, I hope to see the continued preservation and development of this cultural heritage.

A few years ago, the Korean government designated *Gukgung* as Intangible Cultural Property No. 142. It is heartening to see young archers taking up the bow and continuing this tradition. I sincerely hope this book helps share the beauty and joy of archery with a wider audience and fosters a deeper appreciation for our national archery culture.

For reference, this book is based on the *Hwalteo* I personally visited. When I was unable to visit a site, I referred to publicly available sources. Please note that some *Hwalteo* may have changed since my visits — some have closed due to unavoidable circumstances, while others have been modernized with additional targets. The descriptions in this book reflect their condition at the time of my visit.

In the appendices, I have included information on *Hwalteo* registered with the Korea Archery Association, a guide to traditional five-day markets across the country near *Hwalteo*, and details on renowned traditional liquors. Additionally, I have included proverbs related to archery that are deeply rooted in our daily lives, making the reading experience even more engaging.

I would like to express my gratitude to former Belgian Ambassador to Korea, Mr. François Bontemps, who trained alongside me and, despite being a foreigner, demonstrated a deep understanding of the philosophy and essence of our traditional martial arts.

Reflecting on my journey as a latecomer to this remarkable tradition, I recall the many *Hwalteo* where I trained and the wisdom I gained from dedicated senior instructors. It felt as if I had finally found the missing piece of a puzzle in my life.

Finally, I extend my heartfelt gratitude to the instructors and fellow archers who welcomed me so warmly during my travels. Above all, I am deeply thankful to my beloved family, who accompanied me on this journey and provided unwavering support until the publication of this book.

2025 Spring, **Seo Jinsu**
Ph.D. in Public Administration

목차

첫째 순巡 DMZ 따라 활터 탐방	강화정 활터 … 36 태산정 활터 … 38 선무정 활터 … 40 탄현정 활터 … 42 교하정 활터 … 43 임월정 활터 … 44 화석정 활터 … 46 감악정 활터 … 48 무호정 활터 … 49 동호정 활터 … 50	학소정 활터 … 52 고대정 활터 … 54 보납정 활터 … 56 금학정 활터 … 58 화림정 활터 … 60 양록정 활터 … 62 해안정 활터 … 64 하늘내린정 활터 … 66 호반정 활터 … 67
둘째 순巡 동해안 따라 활터 탐방	수성정 활터 … 79 설악정 활터 … 81 현산정 활터 … 83 율곡정 활터 … 85 경포정 활터 … 87 동덕정 활터 … 89 두타정 활터 … 91 초록정 활터 … 93 죽서정 활터 … 95 해망정 활터 … 97 칠보정 활터 … 99	화림정 활터 … 101 권무정 활터 … 103 송호정 활터 … 106 송학정 활터 … 108 일출정 활터 … 110 호림정 활터 … 112 탈해정 활터 … 116 성무정 활터 … 121 무릉정 활터 … 122 청학정 활터 … 124

셋째 순巡
남해안 따라 활터 탐방

- 구덕정 활터 … 133
- 진해정 활터 … 135
- 금무정 활터 … 137
- 연무정 활터 … 138
- 장군정 활터 … 139
- 한산정 활터 … 140
- 열무정 활터 … 142
- 대덕정 활터 … 144
- 금해정 활터 … 146
- 충무정 활터 … 149
- 무선정 활터 … 150
- 환선정 활터 … 152
- 관덕정 활터 … 154
- 영주정 활터 … 156
- 관덕정 활터 … 159
- 양무정 활터 … 161
- 만수정 활터 … 163
- 청해정 활터 … 165
- 창덕정 활터 … 166
- 용항정 활터 … 167

넷째 순巡
서해안 따라 활터 탐방

- 대호정 활터 … 176
- 서무정 활터 … 178
- 무덕정 활터 … 180
- 연수정 활터 … 181
- 관무정 활터 … 182
- 광덕정 활터 … 184
- 마도정 활터 … 186
- 평택정 활터 … 188
- 아산정 활터 … 190
- 망객정 활터 … 192
- 서령정 활터 … 194
- 소성정 활터 … 196
- 홍무정 활터 … 197
- 보령정 활터 … 199
- 서천정 활터 … 200
- 진남정 활터 … 202
- 건덕정 활터 … 204
- 홍심정 활터 … 206
- 심고정 활터 … 209
- 필야정 활터 … 211
- 선운정 활터 … 213
- 모양정 활터 … 214

	초파정 활터 … 215	인덕정 활터 … 226
	장사정 활터 … 216	청량정 활터 … 227
	육일정 활터 … 218	숭덕정 활터 … 229
	봉대정 활터 … 220	열무정 활터 … 231
	인의정 활터 … 222	연무정 활터 … 233
	관덕정 활터 … 224	

다섯째 순巡	한라정 활터 … 244	삼다정 활터 … 252
제주도 활터 탐방	미리내정 활터 … 246	산방정 활터 … 254
	백록정 활터 … 248	제주의 관덕정 옛활터 … 256
	천지정 활터 … 250	

부록

부록, 하나. 전국 활터 현황 …………………… 260

부록, 둘. 활터 따라 전국 전통시장 현황 …… 282

부록, 셋. 활터 따라 전국 유명전통주 현황 … 302

일러두기

1. 이 책은 필자가 오랜 기간에 걸쳐 해안을 중심으로 형성된 활터를 탐방한 체험 서적이다.

2. 전국 400여 개의 활터 중, 필자는 DMZ에서 제주까지 100여 개의 활터를 해안선을 따라 선정하여 탐방하였다.

3. 내륙의 활터 중에도 역사성과 오랜 전통을 가진 활터가 많음에도 해안선 중심으로 소개한 것을 양해하여 주시기 바란다.

4. 탐방 당시와 달리 현 시점에서 폐정, 이정, 과녁의 증감 등 차이가 존재할 수 있으며, 그로 인해 소개된 활터의 현황에 오류가 있더라도 양해하여 주시기 바란다.

5. 자료의 객관성을 확보하기 위해 공개된 자료를 함께 참고하였다.

6. 독자들의 편의를 위해 볼거리, 먹거리를 제시하였는데 이는 필자의 주관적 경험을 위주로 서술한 것임을 양지하여 주시기 바란다.

7. 활터 탐방 후 독자들에게 참고가 될 듯하여 주변 전통시장과 전통주 현황, 그리고 대한궁도협회에 등록된 전국 활터 현황을 부록에 수록하였다.

8. 각 지역마다 산재한 활터를 탐방 습사 때마다 경험에 의한 메모를 통해 집필하였기 때문에 활터 내면의 정서 등 주요한 부분을 놓친 사항이나 특히, 문맥과 용어 선택의 미숙함이 있다면 이해 당사자와 독자 여러분들의 양해를 바란다.

9. 이 책은 언급된 활터에 이미 습사를 다녀온 한량들에게는 추억을 되살리고 탐방습사 계획을 하고 있는

접장님들에게는 정감있는 안내서가 될 것이다.

10. 외국인 독자들의 개괄적인 이해를 돕기 위해 서문과 각 지역별 설명의 서두에 영문을 첨언하였다.

* To help foreign readers gain a general understanding, English text has been added to the preface and the introductions of each regional section.

* Glossary

  - Gukgung: Korean traditional archery

  - Hwalteo: a Korean traditional archery site

  - Hanryang: a person who enjoys Gukgung

해안정

강화정

첫째 순巡

첫째 순巡

DMZ 따라
활터 탐방

첫째 순巡

DMZ 따라 활터 탐방

우리나라는 전 세계에서 유일한 분단국이다. 전통 무예인 국궁의 길에 입문하였다면 155마일 휴전선, 최전방 DMZ를 따라 서해 최북단 인천시 강화군의 강화정 활터에서부터 탐방 습사를 시작하여, 경기도 김포, 파주, 양주, 연천, 가평을 거쳐 강원도 철원, 화천, 양구, 인제, 고성 그리고 춘천의 초반정 활터까지 습사하며 분단의 현실을 직접 살피는 것은 특별한 의미를 지닐 것이다.

이 길 위에서 국궁을 통해 분단의 현장을 바라보며 습사를 하고 각 지역의 먹거리와 볼거리를 함께 경험하는 탐방 습사는 단순한 여정이 아닌 우리 모두에게

특별한 감정을 자극하며 오래도록 기억에 남을 의미 있는 시간이 될 것으로 확신한다.

이 책을 구상함에 있어 당초에는 제주에서 설악까지 삼면이 바다로 둘러싸인 우리나라의 특성을 고려하여 동·서·남해안을 따라 활터 탐방 습사를 소개하는 것을 중심으로 기획하였다. 그러나 우리나라의 현실과 특수성을 감안하여 분단의 현장을 함께 체험하는 한편 한량들에게 더욱 깊은 흥미를 더하고자 DMZ를 따르는 활터 탐방 습사를 추가로 소개하게 되었다.

이렇게 내륙의 활터를 제외하고도 우리나라 전역을 한 바퀴 돌아볼 수 있는 활터 탐방 습사 안내서가 될 것을 상상하니, 필자의 가슴이 뛰는 대목이다.

DMZ를 따라 활터 탐방 습사를 하다 보면 파주, 연천, 인제군을 제외하고 대부분의 지역은 시·군 단위로 단 하나의 활터만을 지니고 있으며, 사원들도 30여 명 남짓한 소박한 규모를 유지하고 있다. 이는 각 지역에 근무하는 직업군인들이 활을 익히다가도 2~3년 후 전출하는 일이 잦아, 각 활터마다 사원 수가 많지 않은 특징을 갖게 되었기 때문이라 하겠다.

이렇듯, DMZ를 따라 활터를 찾아가는 길은 단순한 국궁 탐방이 아닌, 우리 역사의 현실과 마주하며 활을 내는 깊은 울림이 있는 여정이 될 것이다.

I. Touring Hwalteo Along the DMZ

Korea is the only divided nation in the world. For those who have embarked on the traditional path of *Gukgung*, a journey along the 155-mile armistice line and the front-line DMZ holds unique significance. Imagine beginning your exploration at *Ganghwajeong Hwalteo*—the northernmost point of the West Sea—in **Ganghwa County, Incheon** and then traveling through Gyeonggi Province, visiting cities such as **Gimpo, Paju, Yangju, Yeoncheon**, and **Gapyeong**. From there, you continue into Gangwon Province, passing through **Cheorwon, Hwacheon, Yanggu, Inje, and Goseong**, before finally reaching *Hobanjeong Hwalteo* in **Chuncheon**. Such an expedition, in which you directly witness the reality of Korea's divided history, is profoundly meaningful.

On this journey, as you observe the remnants of division through *Gukgung* while also enjoying local cuisine and attractions along the way, the tour transforms from a simple itinerary into an experience that evokes deep emotions—a memory that will remain etched in our hearts for years to come.

When planning this book, my initial concept was to highlight the exploration of *Hwalteo* along Korea's eastern, western, and southern coasts—from Jeju Island to Seorak—emphasizing the country's unique geographic feature of being surrounded by the sea on three sides. However, given Korea's historical circumstances, I decided to also incorporate a journey along the **DMZ**. This addition not only provides a closer encounter with the sites of division but also adds an extra layer of intrigue for those who cherish the spirit of *Gukgung*.

The very idea of a guidebook that offers readers on a comprehensive tour of my country—even without including inland *Hwalteo*—fills me with excitement.

As you follow the DMZ on this archery tour, you will notice that, aside from **Paju, Yeoncheon, and Inje** County, most regions have only a single *Hwalteo* at the city or county level. Furthermore, each *Hwalteo* is typically staffed by a modest team of around 30 members. This is largely because professional soldiers stationed at these sites—many of whom are trained in *Gukgung*—are frequently transferred after just two to three years, resulting in a consistently small team at each location.

Thus, embarking on a journey to explore *Hwalteo* along the DMZ is not merely about discovering traditional Korean archery; it is a deeply meaningful expedition that confronts the stark realities of our divided history.

국궁 속담 한순巡

활과 과녁이 서로 맞는다.

⇨ 하려는 일과 좋은 기회가 때 맞게 왔음을 이르는 말이다.

활논

⇨ 활을 쏘려면 돈이 든다. 그 비용을 마련하기 위해 농촌 한량들은 자기가 경작하는 논 가운데 일부를 활논으로 정하고 거기에서 나오는 소출은 활 쏘기 자금으로만 사용했다. 그래서 궁사는 활논을 각별히 잘 가꾸었다고 한다. 농사일을 알뜰히 잘 하는 모습을 가리켜 "활논 가꾸듯 한다"고 한다.

활은 뼈로 쏜다.

⇨ 활은 근육의 힘이 아니라 뼈의 힘으로 쏜다는 말. 우리 활의 모든 사법동작은 뼈를 주로 하고 근육은 뼈를 돕는 역할을 하게 되는 것이 사실이다.

활은 임금의 뺨도 친다.

⇨ 활을 쏠 때는 자세를 바르게 해야 한다는 말이다. 자세가 바르지 않으면 임금일지라도 자기가 쏜 활에 뺨을 사정없이 맞게 된다는 것이다.

강화정 활터

우리나라 서해 최북단에 자리한 강화정 활터는 강화군 강화읍 용정리에 위치한 활터로, 최신 건물로 신축된 총 4관의 북향 활터이다.

바닷가에 자리하고 있으나, 방풍림이 잘 조성되어 있어 바람을 어느 정도 막아주며 바람이 있는 날에는 바다에서 불어오는 서풍이 가끔씩 영향을 미치는 활터이다.

강화도는 그 자체가 거대한 유적지라 해도 과언이 아니다. 전등사를 비롯하여 곳곳에 자리한 수많은 돈대들이 탐방객의 눈길을 사로잡으며, 이곳이 서해 최북단 활터 탐방의 시작점임을 실감하게 한다.

먹거리 또한 풍부하다. 강화하면 인삼을 빼놓을 수 없으니, 강화 인삼을 듬뿍 넣은 삼계탕의 깊은 맛도 일품이다. 또한, 강화 갯벌에서 자란 장어를 숯불에 구워 맛보는 것도 별미이다. 강화 쌀 또한 유명하며, 강화 순무김치는 그 독특한 맛으로 입맛을 자극하는 토산품으로 손꼽힌다.

강화 화문석 생산 현장을 방문하여 전통 공예의 정수를 경험해보고 강화 전통시장을 둘러보는 것도 추천한다.

"가는 날이 장날"이라는 속담처럼, 필자가 습사를 하러 간 날이 공교롭게도 강화 전통 장날이었다. 덕분에 트렁크 한가득 먹거리를 구입해온 기억이 떠오르는 멋진 활터이다. 다만, 최신식 활터 시설과 비교해 볼 때 주차장이 다소 협소하게 느껴졌으나 이것은 어디까지나 한량의 사사로운 욕심으로 치부하고 싶은 생각이다.

태산정 활터

김포시 하성면 하상로에 자리한 태산정 활터는 총 3관의 북향 활터로, 김포 지역의 최전방에 위치한 조용하고 정감 있는 활터이다. 이곳은 귀신 잡는 해병들이 전방을 지키고 있는 곳이다.

활터 탐방 습사를 마친 후, 이 지역에서는 한강과 임진강물이 만나 서해로 흘러가는 관문에서 다양한 어종이 서식하는 덕분에 먹거리가 풍부한 즐거움을 누릴 수 있다. 그중에서도 민물 꽃게 매운탕과 민물 장어요리는 이곳을 찾은 이들에게 특별한 별미가 된다.

볼거리로는 최근 핫한 뉴스가 되고 있는 애기봉이 있다. 애기봉은 육안으로 북한 지역의 실상을 관측할 수 있는 곳이다. 김포 최전방에 자리한 애기봉은 매년 크리스마스트리를 점등하는 곳으로도 유명하며 최근에는 관광객 유치와 분단 현실 체험을 위해 유명

커피 전문점을 개장하기도 하였다.

다만 이곳은 민간인 통제구역이므로 방문할 때 반드시 신분증을 지참해야 하며, 최소 하루 전 인터넷을 통해 사전 신청하여 허가를 받아야 한다. 또한 하루 관람객 인원을 200명으로 제한하고 있으므로 방문 계획을 세울 때 이를 참고하는 것이 좋겠다.

선무정 활터

파주시 교하읍 연다산길에 자리한 이 활터는 총 3관의 북향 활터로, 조용하고 아늑한 분위기를 간직한 곳이다.

이 활터는 교하와 운정 신도시가 인접한 곳에 자리하고 있으며, 본디 고구려 고국원왕 시기부터 약 1300년의 역사를 지닌 교하의 옛 흔적이 남아 있던 곳이었다. 그러나 시대의 흐름 속에서 개발이 이루어지며 그 유서 깊은 자취가 점차 사라진 것이 안타까운 일이라 하겠다.

그러나 이곳에서는 습사의 즐거움뿐만 아니라, 습사 후 타조 사육 체험도 가능하여 이색적인 경험을 할 수 있는 곳이다. 또한, 한강변을 따라 조성된 심학산 둘레길이 유명하여 습사 후 가벼운 걸음으로 둘러보기에도 무리가 없는 곳이다. 지석묘 유적지가 발견된 역사적 고장이기도 하다.

 선무정 활터 주변에는 장단 지역에서 생산된 장단 콩 요리가 별미로, 고소하고 담백한 맛이 일품이다.

탄현정 활터

경기 파주시 탄현면 DMZ 근처에 자리한 활터로, 남북 분단의 상징적인 장소에서 전통 활쏘기를 체험할 수 있는 독특한 활터이다.

이곳은 DMZ와 가까워 분단의 슬픔이 깊이 서린 곳이며, 조용한 자연 속에서 습사하기에 더없이 적합한 총 3관의 서향 활터이다. 습사 동안 고요한 분위기 속에서 나라의 역사와 현실을 되새기게 되는 곳으로 그 의미가 남다른 곳이라 할 수 있다.

탄현정 근처에서는 파주의 특산물인 오리불고기와 갓 지은 파주 쌀밥을 맛볼 수 있다. 또한, 습사를 마친 후 임진각 평화누리공원과 도라산 전망대를 찾아 DMZ의 평화와 분단의 역사를 함께 체험하는 것도 이곳에서만 경험할 수 있는 특별한 경험이 될 것이다.

교하정 활터

 파주시 교하읍에 자리한 교하정 활터는 한적한 마을 속에 자리한 정갈한 활터로, DMZ와 가까워 평화와 전통을 동시에 느낄 수 있는 곳이다.

 이 활터는 초보자와 숙련자 모두가 편안하게 습사할 수 있도록 넓은 공간과 깨끗한 시설을 갖춘 총 3관의 동향 활터이다. 특히, 가족적인 분위기가 물씬 풍기는 활터로, 몰기하면 한량들이 함께 막걸리 한 잔을 나누는 전통을 간직하고 있는 곳이기도 하다. 다만 하천 고수부지에 가건물 형태로 운영되고 있어 다소 아쉬움이 남기도 한다.

 교하정 활터를 찾은 후에는 파주의 전통 한식당에서 건강식 자연 밥상과 지역 특산 콩 요리를 맛볼 수 있으며, 헤이리 예술마을과 카페 거리에서 차 한잔과 함께 음악 감상의 여유를 즐기며 운치를 더할 수 있다.

임월정 활터

파주시 문산읍 통일로 DMZ 인근에 자리한 활터로, 총 3관 남동향 활터이다. 이곳은 맑은 공기를 마시며 자연 속에서 습사를 즐길 수 있는 최적의 활터로, DMZ 지역 특유의 생태환경과 조화를 이루며 활쏘기를 체험할 수 있는 곳이다.

문산읍에서 볼만한 유적지로는 청백리로 이름 높은 영의정 황희 선생의 유적을 추천한다. 이곳은 지금도 황씨 후손들이 집성촌을 이루며 살아가는 만큼 역사와 전통이 깊이 깃든 곳이다.

또한, 인근 임진각은 실향민들의 아픔을 위로하는 망배단과 분단의 현실을 담은 '철마는 달리고 싶다' 종착역이 자리한 곳으로, 남과 북의 아픈 역사를 느낄 수 있는 탐방 습사 활터라 하겠다.

이곳에서는 장단 지역에서 생산되는 콩 요리와 함께 임진강의 신선한 민물 매운탕이 일품이다.

화석정 활터

파주시 파평면 장파리 최전방에 자리한 활터로, 총 3관 동서향이다.

이곳은 임진강과 DMZ를 배경으로 전통 활쏘기를 즐길 수 있는 곳으로, 고요한 환경 속에서 습사에 집중할 수 있는 최적의 조건을 갖춘 활터라 하겠다. 분단의 현장을 마주한 채 활을 쏘는 경험은 단순한 국궁 수련을 넘어 이 땅의 역사와 현실을 되새기게 하는 깊은 울림을 준다.

습사를 마친 후에는 임진강의 신선한 메기 매운탕과 지역 농산물로 차린 자연인 건강 밥상을 맛보는 것을 권한다. 활을 내고 난 뒤, 맑은 강바람을 맞으며 든든한 식사로 몸을 추스르는 순간이야말로 한량에게 주어진 또 하나의 여유이다.

이곳은 임진각 평화누리공원이 가까이 자리하고 있어, 산책하며 분단의 현실을 체험하는 것도 좋은 여정이 될 것이다. 습사 후 임진각을 거닐며 남과 북을 가르는 경계를 바라보는 순간, 활터 탐방이 단순한 습사에 그치지 않고 이 땅의 역사를 몸소 체험하는 길임을 깨닫게 될 것이다.

감악정 활터

 경기 파주시 적성면 설마천로에 자리한 활터로, 총 3관의 북향 활터이다.

 이곳은 감악산의 맑은 공기 속에서 활쏘기를 즐길 수 있는 활터로, 넓은 공간과 훌륭한 시설을 갖추고 있어 탐방 습사를 나선 한량들이 자주 찾는 곳이다. 활을 내며 산뜻한 기운을 느낄 수 있어 습사에 집중하기에 더없이 좋은 활터라 하겠다.

 또한 이곳은 DMZ 중부 전선 최전방 지역으로, 먹거리와 볼거리가 풍부한 곳이다. 그중에서도 감악산 순두부 요리는 부드럽고 담백한 맛이 일품이다.

 습사 후에는 감악산 등산을 즐기는 것도 추천하며, 운정호수와 함께 감악산의 출렁다리를 건너보는 것도 색다른 경험이 될 것이다.

무호정 활터

양주시 남면 상수리에 자리한 이 활터는 양주 유일의 활터로, 웅장하고 현대적인 건물로 건립된 총 4관의 북향 활터이다.

특히 어린이 국궁 체험관과 조화를 이루며 최신식 첨단 시설을 갖춘 활터로, 국궁을 배우고 익히기에 손색이 없는 곳이라 하겠다. 주차 공간이 다소 협소한 느낌이 들지만 활터 관리가 깔끔하게 이루어져 정갈한 인상을 주는 곳이다.

습사를 마친 후에는 양주의 대표 음식인 장흥한우와 닭백숙을 맛보는 것을 권하고 싶다. 습사 후 여유가 있다면 조각공원이 자리한 장흥을 찾아 예술적 감성을 채우거나, 양주시립 장욱진 미술관과 두리랜드를 방문하여 휴식과 함께 양주의 매력을 느끼는 것도 좋다. 더운 날씨라면 송추 계곡을 찾아 발을 담그며 더위를 식히는 것도 한량들에게 좋은 힐링이 될 것이다.

동호정 활터

　동두천시 동두천동에 자리한 이 활터는 동두천에서 유일한 활터로, 총 3관의 동북향 활터이다.

　동두천 하면 소요산 등산을 빼놓을 수 없다. 이곳에는 원효대사가 수도 하셨다는 상봉암을 비롯한 유서 깊은 사찰이 자리하고 있다.

　비록 최전방 활터는 아니나 미군이 머물다 간 흔적이 여전히 곳곳에 남아 있어, 분단의 현실을 체감할 수 있는 활터이기도 하다. 동두천이 미군 주둔의 최전방 도시였던 점을 감안하여 소개하는 측면도 있다.

　미군이 오랜 세월 머문 도시답게 핫 피자 앤 버거는 현지에서도 이름난 맛집으로 손꼽힌다. 습사를 마친 후, 미군 문화의 흔적이 남아 있는 곳에서 한 끼를 즐기는 것도 특별한 경험이 될 것이다. 한편, 이곳에는 일본인 마을이 있어 축제 기간에 맞추어 방문하면 이국적인 체험도 가능하다.

이곳에는 경기북부 어린이 박물관이 자리하고 있어, 가족과 함께 습사도 하고 관광도 함께할 수 있는 교통 여건과 지리적 접근성이 뛰어난 활터였다.

그러나 최근 들려온 소식에 따르면, 이 활터는 국궁을 사랑하고 배우려는 이들에게는 참으로 안타까운 이유로 인해 강제 폐정되었다고 한다. 활을 배우고자 하는 한량의 입장에서 결코 듣고 싶지 않은 소식이었다.

학소정 활터

연천군은 중부전선 최전방 지역으로, DMZ 근처에 두 곳의 활터가 자리하고 있다. 그 중 첫 번째 활터인 학소정鶴巢亭은 총 3관의 북서향 활터로 '학이 머무는 곳'이라는 뜻이다.

이 활터의 가장 독특한 특징은 과녁 위로 도로를 연결하는 다리가 건설되어 있어, 사람과 차량이 활터 위를 지나간다는 점이다. 과녁은 교각 아래에 자리하고 있어 화살이 관중할 때 소리 울림이 유난히 특이하게 퍼지는 곳이라, 이곳에서의 습사는 단순한 활쏘기를 넘어 색다른 경험이 된다.

또한, 생태적으로 잘 보존된 지역에서 활쏘기를 체험할 수 있는 활터로, 전통과 자연을 함께 느낄 수 있는 곳이라 하겠다. 사대 뒤로는 연천을 관통하는 한탄강이 굽이쳐 흐르고 있어 경관 또한 빼어난 곳이라 하겠다.

 탐방 습사를 마친 후에는 연천 구석기 유물 역사 체험을 해보는 것을 추천한다. 오랜 세월 인류가 머물렀던 곳에서 습사를 한다는 것은 그 자체로도 남다른 의미를 지닌 경험이라 하겠다. 습사 후 재인폭포와 고대산을 탐방하며 자연 속에서 힐링의 시간을 가져보는 것도 좋은 선택이다.

 탐방 습사후 한탄강변에서만 맛볼 수 있는 지역 별미인 민물 매운탕을 추천한다. 또한, 연천 전통 닭갈비와 황태구이 역시 별미로, 습사 후 한량의 허기와 미각을 채우기에 부족함이 없다.

고대정 활터

연천군 신서면 차탄천 강변길 고수부지에 자리한 활터로, 생활체육 시설과 함께 잔디가 잘 관리된 총 4관의 남서향 활터이며 측바람이 주로 분다.

고대정은 조립식 가건물이지만 최신 설비와 잘 정비된 시설을 갖추고 있어, 아름다운 자연 환경과 함께 활쏘기 동호인들에게 사랑받는 연천 최전방 활터이다.

특히, 이 활터는 실제 총 4관을 운영하고 있지만 과녁이 5개인 점이 독특하다. 이는 활터의 터가 넓어 과녁 간격을 맞추기 위해 사용하지 않는 1개 관을 추가로 설치하였기 때문으로, 겉보기에는 5개 관처럼 보이지만 실제로는 4개 관을 운영한다.

활쏘기를 마친 후에는 직접 철책선을 따라 걸으며 분단의 아픔을 몸소 느끼며 안보 현장을 체험할 수 있는 중부전선 최북단 DMZ 인근 활터이기도 하다.

탐방 습사를 마친 후에는 황태 요리와 따뜻한 쌀국수를 맛보는 것을 추천한다.

더불어 한탄강 지질공원과 전곡리 선사유적지를 방문해 연천의 역사와 자연을 함께 느껴보는 것도 좋을 것이다. 고대산 자연휴양림과 한탄강 오토캠핑장 역시 유명한 곳으로, 자연 속에서 한량의 여유를 즐기기에 부족함이 없는 곳이다.

또한, 활터 인근에는 의병을 교육했던 유서 깊은 사찰, 심원사深源寺가 자리하고 있으니, 이곳을 둘러보는 것도 좋은 선택이 될 것이다.

보납정 활터

 가평군 종합체육관 뒤편 산자락에 자리한 활터로, 4관 동향 활터이며 촉바람이 주로 부는 곳이다.

 이 활터는 호반湖畔의 도시 춘천과 인접하여, 청평호 강변의 아름다운 경관을 느낄 수 있는 곳으로 접근성 또한 뛰어난 활터라 하겠다.

 특히, 이 활터는 전국적으로 보기 드문, 지상 4층 규모의 건물에 자리하고 있어 필자가 다녀본 활터 중 유일하게 엘리베이터가 설치된 활터이다. 신축된 활터인 만큼 편의 시설이 잘 갖추어져 있으며 좌측 안쪽으로는 야구장이 자리하고 있어 주차 시설도 여유로운 편이다.

 또한, 활터 진입 우측편에는 '가평군 학도의용군 위령비'가 자리하고 있고 비록 전방에서 약간 후방지역에 속하기는 하나, 경기도 끝자락에 자리한 마지막 활터라는 점에서 의미가 깊다.

신축된 활터에서 탐방 습사를 마친 후, 가평 잣막걸리 한 잔과 함께 민물 매운탕을 맛보는 것을 추천한다. 더불어, 가평을 찾은 만큼 남이섬과 아침고요수목원을 방문하여 자연 속에서 힐링의 시간을 가져보는 것도 좋을 것이다.

금학정 활터

 강원도 철원군 동송읍 철원여자고등학교 좌측 인근에 자리한 활터로, 철원군에서 유일한 활터이다. 4관 북향 활터로, 촉바람이 주로 부는 곳이며, 활터 우측과 뒷면이 야산으로 감싸 안은 듯한 지형을 이루고 있어, 아늑한 분위기 속에서 탐방 습사에 매우 적합한 활터이다.

 이 활터는 현대화된 시설을 갖추고 있어 국궁을 수련하기에 최적의 환경을 제공하며 철원의 대표 특산품인 오대쌀을 기념하는 군도 대회가 매년 이곳에서 개최될 정도로 국궁 문화가 깊이 자리한 곳이기도 하다.

 탐방 습사를 마친 후에는, 철원의 오대쌀밥과 함께 민물 장어구이, 토종닭 볶음 요리를 맛보는 것을 권하고 싶다. 특히, 철책선 부근에서 채취한 무공해 산나물로 지은 산채 비빔밥은 철원의 대자연이 선사하는 건강한 맛을 그대로 담고 있어, 한량들에게 각별한 식경食境을 선사할 것이다.

든든한 건강 밥상을 즐긴 후에는 철원 DMZ 평화전망대를 찾아 분단의 현실을 직접 마주하는 것도 뜻깊은 여정이 될 것이다. 또한 철원 평야에 자리한 두루미 서식지를 방문하여, 생태 관광을 함께 즐기는 것도 추천한다.

더불어 전쟁의 상흔이 그대로 남아 있는 북한 노동당 당사를 돌아보며 역사의 무게를 되새기고 의적 임꺽정이 은거했다는 고석정을 탐방하며, 철원의 자연과 전설을 함께 체험하는 것도 의미 있는 탐방 습사가 될 것이다.

화림정 활터

화천군 하남면에 자리한 화천군 유일의 활터로, 총 4관 서향 활터이다.

생활 체육공원 지역에 자리한 이 활터는 과녁 바로 뒤편으로 북한강이 흐르고 있어 촉바람이 주로 부는 곳이다.

이곳은 아늑한 분위기 속에서 탐방 습사를 체험할 수 있는 동시에 최전방 군사 도시의 정취가 물씬 풍기는 곳이다. 또한, 활쏘기 체험 프로그램이 운영되는 곳으로, 다양한 지역 행사가 열리는 장소로도 널리 알려져 있다.

습사 후, 화천의 별미인 은어구이와 송어회는 반드시 맛보아야 할 음식이다.

볼거리로는 파로호와 화천 산천어 축제를 함께 즐

기는 것을 추천한다. 특급수에만 서식한다는 빙어 요리를 맛보는 경험 또한 색다른 즐거움이 될 것이다.

화천은 평화를 상징하는 도시이자, 군부대가 주둔하는 군사 도시이다. 우리나라 제5공화국 시절, 북한의 수중 공격을 대비해야 한다는 안보 논리로 전국민의 성금으로 건설된 '평화의 댐' 역시 시대적 상황을 느껴볼 수 있는 장소이다.

양록정 활터

양구군 양구읍 파라호로에 자리한 활터로, 총 3관의 북향 활터이다.

이곳은 DMZ 동부 전선 산악 지역에 속하며 양구 서천 고수부지에 위치한 활터로, 초보자도 쉽게 접근할 수 있도록 시설이 정비되어 있고 깨끗한 환경이 조성되어 있다.

양구군은 군사 도시이지만 동시에 농산촌이면서 넓은 면적을 지닌 지역이기도 하다. 그리하여 두 개의 활터를 보유하고 있어, 국궁을 수련하는 이들에게 좋은 환경을 제공하는 곳이라 하겠다.

특히, 양록정에서는 매년 전국 대회를 개최하는데 무단자無段者 그룹을 위한 활린이 대회도 함께 열어 신사新射들에게도 희망을 심어 주는 활터이다.

이러한 배려와 전통이 어우러진 곳이라 더욱 특별한 활터라 하겠다.

탐방 습사를 마친 후에는, 박수근 화백 미술관을 둘러보고 국토 정중앙 천문대를 방문하여 밤하늘에 쏟아지는 별들을 관찰해 볼 것을 추천한다.

이곳의 대표적인 먹거리는 자연산 콩으로 만든 콩 요리와 함께 강원도 한우의 깊은 맛을 음미하는 것을 권한다. 또한 파라호와 인접하고 있어 신선한 민물 매운탕을 맛볼 수 있는 곳들이 많아, 담백한 강원도식 요리를 제대로 경험할 수 있는 곳이라 하겠다.

해안정 활터

양구군 해안면에 자리한 두 번째 활터로, 총 3관의 동향 활터이다.

이곳은 서늘한 DMZ 북한 지역의 바람을 맞으며 전통 활쏘기를 체험할 수 있는 곳으로, 평화와 전통이 조화를 이루는 특별한 탐방 습사 장소로 유명하다.

'해안정'이라는 이름을 지니고 있으나, 실제로는 동해안과는 다소 거리가 떨어진 내륙의 활터라는 점이 흥미롭다. 활을 내며 맞이하는 바람이 북녘에서 불어오는 바람이라는 사실이 이 활터를 더욱 의미 있는 장소로 만든다.

이 지역은 군사 접경지역답게 양구 통일관과 을지전망대도 자리한 곳이다. 또한, 서부전선 파주 지역의 제3땅굴 발견에 이어 제4땅굴이 발견된 곳이기도 하다.

여름철에 이곳을 찾는다면 습사 후 땅굴 내부의 서늘한 공기를 체험하는 것도 추천한다.

활터 주변 인근에는 시래기 나물로 유명한 펀치볼과 DMZ 국립 자생식물원이 인근에 자리하고 있다.

먹거리는 양구 특산물인 메밀전병과 함께 산채 비빔밥을 즐기는 것을 추천한다. DMZ의 청정한 자연이 길러낸 산채를 한 그릇에 담아 맛보는 순간 그 담백한 풍미 속에서 이 땅의 깊은 정취를 느낄 수 있을 것이다.

또한, DMZ 양구 평화전망대를 방문하고 화살머리 고지를 탐방하며 분단의 역사 현장을 직접 마주하는 것도 이 활터를 찾는 한량들에게 의미 깊은 여정이 될 것이다. 이렇게 활을 내고 역사를 되새기며, 마지막으로 평화의 바람을 느끼는 DMZ 탐방 퍼즐이 완성되는 곳이 바로 이 해안정 활터라 하겠다.

하늘내린정 활터

 인제군 북면 원통리에 자리한 총 4관의 남향 활터로, 생활 체육공원 내에 최신 설비를 갖추고 건설된 인제군 유일의 활터이다.

 이곳은 춘천 지역과 인접하고 있어 춘천 닭갈비 맛집이 많으며 또한, 용대리 황태 덕장에서 생산되는 황태 요리가 대표 음식으로 자리매김한 지역이기도 하다.

 볼거리로는 습사 후 인제 자작나무 숲길을 거닐며 청량한 공기를 마시는 것을 추천한다. 더불어, 매바위 인공폭포와 갯골 자연휴양림은 자연 속에서 마음을 다스리기에 제격인 곳이며 백담사와 오세암, 오색약수터 역시 힐링의 장소로 널리 알려져 있다. 조금 더 도전을 원한다면 방태산 등반도 고려할 만하다.

호반정 활터

 춘천시 송암동에 자리한 호반정 활터는 평화로운 호수와 DMZ를 전방으로 품은 군사도시 지역이면서도 내륙의 자연을 배경으로 탐방 습사를 즐길 수 있는 총 4관의 북향 활터이다.

 이곳의 풍향은 의암호에서 불어오는 촉바람이 불다가 우측 산허리에 바람이 부딪히면서 오늬바람으로 바뀌기도 하는 특징이 있다. 춘천 유일한 활터로, 넓고 잘 정돈된 시설 덕분에 탐방 습사를 찾는 한량들에게도 인기가 많은 곳이라 하겠다.

 '호반의 도시'라는 수식어에 걸맞게 활터 자체가 하나의 풍경을 이루며 아름다움을 간직하고 있다. 또한, 수도권에서의 접근성이 용이하여 청평호수와 강변의 경치를 만끽하며 드라이브와 라이딩을 즐기기에도 손색이 없는 곳이다.

습사를 마쳤다면 소양댐 물 문화관을 방문하여 호수의 역사와 자연을 배우는 것도 의미 있는 여정이 될 것이다. 또한, 남이섬과 춘천 삼악산 호수 케이블카, 그리고 가족 나들이에 적합한 레고랜드까지 다채로운 볼거리가 즐비하다.

춘천에 왔다면 감자빵 한 조각을 맛보는 것도 빼놓을 수 없는 즐거움이다. 또한, 이곳은 네이버 데이터 센터가 위치한 지역으로, 우리나라에서 손꼽히는 유명한 커피 명소들이 자리한 곳이기도 하다. 활터에서 가까운 춘천 인터체인지 인근, 언덕 위에서 시가지를 내려다보며 커피 한잔을 즐기는 여유도 이곳에서만 만끽할 수 있는 황홀한 경험이 될 것이다.

춘천은 닭갈비로 특화된 곳이다. 중앙전통시장을 한 바퀴 돌아보며 이 도시의 정취를 더 깊이 느껴보는 것 또한 추천한다.

호반정은 DMZ를 따라 마지막에 자리한 활터이자,

동해를 따라 활터 탐방을 시작하는 첫 번째 활터이기도 하다. 강원도 고성군 유일의 활터인 '수성정守城亭'은 동해의 시작을 알리는 활터로 의미를 더하며 탐방의 새로운 여정을 준비하는 곳이라 하겠다.

둘째 순巡

수성정
무릉정
성무정
청학정

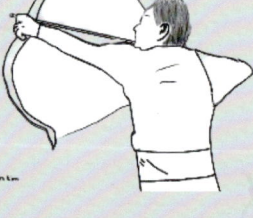

둘째 순巡

동해안 따라
활터 탐방

둘째 순巡

동해안 따라 활터 탐방

 우리나라 해안은 지역마다 다양한 특징과 매력을 지니고 있다. 동해안, 남해안, 서해안, 제주도는 모두 해양도시지만, 각기 다른 먹거리와 볼거리를 제공한다. 동해안은 청정한 해변과 아름다운 자연경관이 돋보이며 낭만적인 분위기를 자아낸다. 남해안은 다도해를 이루는 수많은 섬과 온화한 기후 덕분에 해양 생태계가 풍부하며, 다양한 볼거리와 먹거리를 즐길 수 있다. 서해안은 조수 간만의 차가 큰 지역으로, 아름다운 갯벌과 습지가 발달한 것이 특징이다. 제주도는 거대한 화산섬답게 독특한 지형과 자연경관을 자랑한다.

동해안 지역의 활터 탐방 습사 코스는 7번 국도를 따라 강원도 최북단 고성군의 수성정 활터에서 시작해, 경상북도 울진, 영덕, 포항, 경주 호림정 활터, 그리고 울산광역시의 청학정 활터까지 이어진다. 이 탐방 습사는 동해의 일출과 천혜의 자연경관을 감상하며 힐링할 수 있는 특별한 경험을 제공한다. 그야말로 말로 형언할 수 없을 만큼 아름답고 멋진 여정을 선사하는 탐방 습사 코스라 할 수 있다.

동해안에는 자연산 해산물을 비롯한 풍성한 먹거리와 볼거리가 많을 뿐만 아니라, 설악산 등산, 일출 감상, 온천 여행까지 함께 즐길 수 있는 활터들이 자리하고 있다. 특히 경주 지역은 불국사를 비롯한 신라 천년 고도의 역사 유적을 탐방할 수 있는 곳이며, 울산은 우리 한량들이 한 번쯤 꼭 찾아야 할 도시다. 울산은 우리나라 중공업의 중심지일 뿐만 아니라, 반구대 암각화가 발견된 곳으로 활의 기원을 알 수 있는 중요한 지역이다. 이처럼 고대와 현대가 공존하는 울산에서의 체험은 한량들에게 필수적인 탐방 코스로 추천할 만하다.

II. Touring Hwalteo Along the East Coast

Each coastal region of Korea has its own unique characteristics and attractions. Although the East Coast, South Coast, West Coast, and Jeju Island are all maritime regions, they each offer distinct culinary experiences and scenic landscapes. The East Coast is known for its pristine beaches, breathtaking natural scenery, and romantic atmosphere. The South Coast, with its mild climate and numerous islands forming the Dadohae archipelago, boasts a rich marine ecosystem and diverse attractions. The West Coast, characterized by its significant tidal variations, is home to beautiful tidal flats and wetlands. Jeju Island, as a massive volcanic island, features a unique terrain and stunning natural landscapes.

The East Coast *Hwalteo* tour follows **National Route 7**, beginning at *Suseongjeong Hwalteo* in **Goseong**, the northernmost county of Gangwon Province. It then continues southward through **Uljin**, **Yeongdeok**, and **Pohang** in North Gyeongsang Province, passing through *Horimjeong Hwalteo* in **Gyeongju** before finally reaching *Cheonghakjeong Hwalteo* in **Ulsan Metropolitan City**. This journey offers a truly special experience, allowing visitors to witness the breathtaking sunrises over the East Sea and immerse themselves in the region's extraordinary natural beauty. It is a *Hwalteo* exploration course that promises an indescribably beautiful and unforgettable adventure.

The East Coast is not only rich in fresh seafood and diverse local delicacies but also offers a wide range of attractions, including hiking in Seoraksan, watching the sunrise, and relaxing in hot springs. In particular, Gyeongju is home to numerous historical sites from the thousand-year-old Silla Dynasty, including Bulguksa Temple, making it a must-visit location. Ulsan, in particular, is a city that every *Hanryang* should visit at least once. It is not only Korea's hub for heavy industry but also the site where the Bangudae Petroglyphs were discovered, providing valuable insights into the origins of archery. Experiencing Ulsan, where ancient history and modern industry coexist, is an essential part of any *Hanryang*'s exploration, making it a highly recommended *Hwalteo* tour destination.

국궁 속담 두순巡

과녁이 이마 바로 선다.

⇨ 활쏘기를 할 때의 몸통자세를 일컬으며, 과녁과 정면으로 마주보아야 한다는 것을 이르는 말이다. 우리의 활은 앞을 보고 활을 내므로 과녁에 이마를 바로 세우고 몸통을 곧게 세워야 한다.

궁시가 맞아야 한다.

⇨ 활과 화살이 팔의 힘에 알맞은 것이라야 활쏘기를 잘 할 수 있다는 말이다. 근력은 약한데 무거운 화살을 쓴다든가, 그 반대로 근력이 강한데 가볍고 가는 화살을 쓴다면 제대로 갈 리가 없다. 矢·弓·技가 혼연일체가 돼야만 좋은 활쏘기가 된다는 궁도의 원리를 담은 속담이다.

궁시 반재주

⇨ 재주가 아무리 뛰어나도, 활과 화살이 나쁘면 기량을 발휘할 수가 없다는 뜻이다. 일시, 이궁, 삼기라는 말이 있듯이 화살을 잘 선택해야 하고, 그 화살을 바르게 잘 보낼 수 있는 활을 갖고 잘 가꾸어야 좋은 활쏘기를 할 수 있다는 말이다.

수성정 활터

 수성정 활터는 고성군 간성읍 수성로에 위치한 활터로, 고성군 공설운동장 내에 총 4개의 관*으로 운영되고 있다. 이곳은 우리나라 동해안 최북단에 자리 잡은 활터로, 과녁의 방향이 남서향이라 아늑한 느낌을 준다. 이 활터는 DMZ를 따라 탐방하는 습사의 최북단 끝자락에 위치해 있지만, 필자는 동해안 활터 탐방의 첫 번째 시작점으로 정하였다. 최북단 활터답게 이곳의 사우들은 의리와 신의로 다져진 강한 인상을 주며, 철저한 안보 의식이 느껴진다.

 필자가 방문한 시기는 많은 눈이 내린 후라 눈이 아직 녹지 않은 상태였다. 두 순을 내고 화살을 회수하러 갔을 때, 화살 한 개가 눈 속에 숨어 아무리 찾아

---

* 활터에서는 과녁과 사대가 있는데, 설치된 과녁의 수를 관으로 표현한다.

도 찾을 수 없었다. 몇 순을 더 낸 후, 함께한 접장님께서 갈고리를 가지고 가서 사대 주위를 긁어보라는 조언을 해주셨다. 그 결과, 갈고리의 도움으로 화살을 찾을 수 있었고, 이는 매우 특별한 경험이었다.

습사가 끝난 후, 수성정 사우님의 소개로 아진항 회센터에서 자연산 가자미회를 맛보았는데 그 맛은 일품이다. 고성의 특산품은 계절에 따라 다르지만 양미리와 고성의 마른 명태가 특히 유명하다. 주요 관광지로는 통일 전망대, 화진포 해수욕장, 김일성 별장, 그리고 이승만 대통령 별장 등이 있으며, 특히 화진포 해수욕장 주변의 소나무 숲길은 힐링에 최적의 장소로 추천할 만하다.

설악정 활터

속초시 설악산로에 위치한 설악정 활터는 설악산 국립공원 인근에 자리해 빼어난 자연경관을 자랑한다. 이 활터는 총 4관으로 북향이며, 오늬바람이 주로 분다.

현대적인 시설을 갖춘 활터로, 속초시 공설운동장 내에 위치하여 주차 및 접근성이 뛰어나다. 활터 근처에는 설악산이 자리하고 있어 등산과 산책을 즐기기에 좋으며, 특히 단풍이 아름다운 가을철 습사를 추천한다.

습사 후 요기를 위해 속초 중앙시장에서 닭강정, 오징어순대, 막국수, 감자옹심이 등을 맛볼 수 있다. 또한, 소박하지만 깊은 맛을 자랑하는 속초 막걸리와 속초항 자연산 회를 즐긴 후, 습사로 쌓인 피로를 풀고 싶다면 인근 척산온천과 족욕장을 찾아 한량의 여유로운 기분을 만끽할 수 있다. 한마디로 자연과 맛, 그리고 휴식을 함께 즐길 수 있는 탐방 습사 활터이다.

현산정 활터

현산정 활터는 양양군 양양읍 인터체인지 인근, 남대천 고수부지에 위치한 활터로, 현대식으로 조성된 후 2017년 이곳으로 이전하였다. 활터는 총 3관으로 서향이다. 주차장과 접근성이 용이하지만, 고속도로 나들목 인근에 있어 차량 소음으로 인해 다소 집중력이 분산될 수 있다.

습사 후 인기 있는 먹거리는 양양의 별미인 닭강정과 연어회로, 이곳을 찾는 방문객들에게 많은 사랑을 받고 있다. 또한, 하조대 관광과 해양 스포츠 체험 시설이 풍부하며, 낙산해변과 낙산사를 함께 방문하면 동해안을 배경으로 한 해수관음상의 장엄한 경관을 감상할 수 있다.

현산정 활터는 동해안의 매력을 온전히 느낄 수 있

는 활터로, 대자연과 어우러진 체험이 가능하다. 인근에는 모노골 삼림욕장과 양양 읍성 등이 자리하고 있어 다양한 볼거리와 먹거리를 함께 즐길 수 있다.

율곡정 활터

율곡정 활터는 강릉시 주문진읍 강북 공설운동장 내에 위치한 활터로, 좌측에는 동해 바다가 펼쳐져 있고, 습지를 건너 과녁이 설치된 총 4관의 남향 활터이다.

야간 습사도 활발히 이루어지는 정감 있는 활터로, 연전길은 오른쪽에만 있으며, 습사 시에는 '3관'만 운영하고, 한 순巡 내고 활을 치우러 가는 방식으로 운영된다. 동해 파도 소리가 저멀리 귓가에 들려오는 것이 특징이다.

습사 후에는 주문진항 어시장 활어회 센터에서 신선한 회를 직접 주문해 맛볼 수 있다. 또한, 주문진 건어물 시장은 전국에서 관광객들로 붐비는 대형 건어물 시장으로, 그 자체가 관광 명소다.

인근에는 조용한 영진해변과 연곡고분, 드라마 도깨비 촬영지가 있어 대표적인 볼거리로 손꼽힌다. 특히, 동해 청정 해역에서 생산된 다시마는 지역 특산물로 인기가 높다.

경포정 활터

경포정 활터는 얼마 전까지 강릉 경포호 근처에 위치한 활터로, 호수의 잔잔한 풍경이 마음을 안정시켜 주는 곳이었다. 전통적인 활터 구조와 주변 자연경관이 조화를 이루며 총 3관으로 운영되었다.

그러나 최근 2024년 8월 초 과학단지 내 최신 현대식 건물로 신축 이전하여 4관으로 운영되면서, 명실상부한 강릉시 대표 활터로 재탄생하였다. 이곳에서는 동해의 일출을 감상하며 습사할 수 있는 특별한 경험을 할 수 있다.

경포정 활터 근처에는 강릉의 명물인 초당순두부와 강릉 커피 문화를 대표하는 테라로사 본점이 위치해 있어, 연목 해변을 중심으로 다양한 커피 맛을 즐길 수 있다.

습사를 마친 후에는 강릉 오죽헌과 경포대가 가까워 역사와 자연을 동시에 만끽할 수 있는 여행 코스로도 제격이다. 또한, 경포정 활터 주변에서는 강릉의 대표 음식인 메밀전병과 감자옹심이를 맛볼 수 있으며, 경포대 해변이나 선교장을 방문해 강릉의 전통과 해양문화를 함께 경험할 수 있다. 더불어, 송정해변의 솔밭 산책로는 최적의 힐링 장소로 손꼽힌다.

동덕정 활터

동덕정 활터는 동해시 천곡동, 동해시 종합경기장 후사면에 위치한 활터로, 4관을 운영하는 북향 활터이다.

두 순 활을 내고 화살을 치우며 수거한 화살을 들고 우측 연전길을 따라 사대로 돌아오는 길에서는 동해시를 한눈에 내려다볼 수 있어, 그 자체가 하나의 관광처럼 느껴진다.

약 60여 년의 역사를 가진 활터로 비교적 안정적인 분위기를 자아내며, 특히 사우 80여 명 중 절반 이상이 유단자일 정도로 체계적인 활쏘기 지도가 이루어지고 있다. 숙련된 사범의 지속적인 지도가 있다고 전해진다.

습사 후에는 동해항과 묵호항 수산물 시장을 들러

싱싱한 동해산 해산물을 구입하는 장보기 관광도 추천할 만하다. 또한, 동해시 북평동에서 열리는 전통 5일장은 매월 3일과 8일에 서는데, 전국 최대 규모의 유명한 장터로 손꼽힌다. 함께 습사한 접장님도 이에 대한 자부심이 대단했다.

아쉽게도 필자가 습사한 날은 장날이 아니어서 다음을 기약할 수밖에 없었다.

두타정 활터

두타정 활터는 동해시 삼화동, 쌍용시멘트 회사 건너편에 자리하고 있다.

활터의 유래는 무릉계곡으로 잘 알려진 유명 관광지를 품고 있는 두타산 약 1,300m 고지의 끝자락에 위치한 데서 비롯되었다. 이에 따라 '두타정'이라는 이름이 붙여졌으며, 과녁은 총 4관, 서향 활터이다.

우측 연전길은 두타산 끝자락을 따라 휘감아 돌고, 좌측 연전길은 소하천이 흐르는 곳으로, 벚나무가 무성해 봄과 가을이면 탐방 습사객들을 유혹하는 아름다운 활터이다.

이 활터의 고문님은 황학정 전국대회에서 우승하여, 우승기를 반납하지 않고 영구 보존하고 있다고 하며, 이에 대한 자랑과 자부심이 대단하다. 또한, 활터

총무인 여무사님의 적극적인 활동으로 활터 운영이 짜임새 있게 이루어지는 모습이 인상적이었다. 원래 이 활터는 쌍용시멘트 회사 내 국궁 동우회 멤버들이 운영하던 곳이었으나, 지역 국궁 활성화를 위해 양도되었다고 한다.

습사 후에는 두타산 무릉계곡 관광지에서 등산을 즐긴 뒤, 지역의 별미인 막걸리와 묵사발, 산채비빔밥을 맛볼 수 있는데, 그 풍미가 일품이다. 특히 가을 단풍이 절경을 이루어 더욱 인상적인 경험을 할 수 있다.

초록정 활터

초록정 활터는 동해시 나안동에 위치한 활터이다. 활터의 우측으로는 동해로 이어지는 소하천이 흐르고 있으며, 동향으로 총 3관이 운영되고 있다.

필자가 방문했을 때는 전국대회 준비 관계로 4번째 관 추가 공사가 진행 중이라 잠시 휴정 상태라는 접장님의 말씀을 들었다. 아쉬운 마음을 뒤로하고, 결국 습사를 하지 못한 채 발길을 돌릴 수밖에 없었다.

초록정 활터가 4관 확장 공사를 마무리하고 천혜의 동해안 지역 활터로서의 가치를 더욱 빛내길 기대한다. 나아가 전국대회 개최 규모의 활터로 거듭나기를 바라며, 다음 기회에는 초록정에서 습사를 하며 떠오르는 동해의 일출과 함께 기를 받아보고 싶은 마음이 간절하다.

먹거리와 볼거리는 동해시의 다른 활터들과 크게 다르지 않을 것이다.

죽서정 활터

죽서정 활터는 삼척시 박걸남로에 위치한 활터로, 총 4관의 북향 활터이다. 매년 전국 궁도대회인 '이사부 장군기'를 개최하는 이 활터는 자연 속에서 습사를 즐길 수 있는 환경을 갖추고 있으며, 특히 조용하고 아늑한 분위기 덕분에 습사에 집중하기 좋다.

특이한 점은 활터 부지를 조성할 당시 돌출된 자연 기암괴석을 그대로 보존했다는 점이다. 덕분에 우측 연전길은 마치 수석으로 장식한 듯한 멋스러운 경관을 자랑한다. 또한, 이 활터에는 삼척시 실업팀이 활동하고 있어, 삼척시 국궁 발전과 저변 확대에 기여하고 있다는 호평을 받고 있다.

죽서정은 삼척의 대표적인 활터로, 죽서루와 오랜 역사를 함께해 온 유서 깊은 곳이다. 활터에서는 지역

주민뿐만 아니라 외지인도 손쉽게 참여할 수 있는 활쏘기 체험 프로그램이 마련되어 있어, 전통 활쏘기의 매력을 직접 경험할 수 있다.

활터 인근에는 삼척의 대표 문화유산인 죽서루와 수려한 자연경관을 자랑하는 전통 사찰 신흥사가 있어 함께 둘러보기에 좋다. 또한, 활터 주변에는 삼척항과 동해바다가 한눈에 내려다보이는 전망 좋은 카페들이 즐비해 있어, 여유로운 시간을 보내기에도 제격이다.

습사 후에는 삼척 지역의 산채비빔밥과 황태국을 맛보는 것도 잊지 못할 경험이 된다. 특히, 삼척의 대표 먹거리인 곤드레밥과 옥수수빵은 꼭 맛보아야 할 별미다. 활터에서 멀지 않은 삼척해양 레일바이크나 죽서루를 방문하면 가족 단위 여행도 함께 즐길 수 있다. 이곳은 동해안을 대표하는 관광지로 손꼽힌다.

해망정 활터

해망정 활터는 삼척시 원덕읍 삼척로에 위치한 활터로, 동해안의 탁 트인 전망을 자랑한다. 습사하면서 바닷바람을 온몸으로 느낄 수 있는 특별한 활터이며, 특히 해질녘 바다 풍경이 아름다워 활을 냄과 동시에 자연의 아름다움을 만끽할 수 있다. 활터는 총 3관, 동향이다.

이 활터는 하천 부지에 자리하고 있어, 과거 큰 홍수로 인해 활터가 유실된 적도 있다. 활을 내다보면, 마치 이마에 닿을 듯 낮은 해안가 야산이 과녁과 함께 눈에 들어오는데, 이 산의 이름이 '해망산'이라 하여 활터의 이름도 해망정이라 명명되었다고 한다.

함께 활을 낸 접장님께서는 습사 후 해망산에 올라 좋은 기를 받아가라고 권하셨다. 이유인즉, 해망산은 낮아 보이지만, 이곳 어민들이 출항하기 전 풍어제를 지내는 기가 충만한 산으로 유명하다는 것이다.

습사를 마친 후에는 지척에 있는 해망산에서 바닷바람을 맞으며 휴식을 취할 수도 있고, 근처 묵호항에서 싱싱한 회와 물회를 맛보며 동해안의 미식과 자연을 동시에 즐길 수 있다. 이처럼 볼거리와 먹거리가 풍부한 활터이다.

특히, 이 활터는 대로변 아래 하천 부지에 위치해 있어 지나가는 행인들이 길가에서 습사 모습을 내려다보기도 한다. 심지어 외국인 관광객들이 트레킹 도중 자전거를 세워놓고 여섯 순을 모두 지켜보는 일도 있었다.

필자는 여섯 순 습사 중 평3중의 실력을 보여주었고, 이후 외국인 관광객들과 간단한 소통을 하며 우리 전통 활쏘기를 알리는 계기가 되어 개인적으로 내심 뿌듯한 습사였다.

칠보정 활터

해망정활터를 끝으로 동해안 강원도 활터 탐방 습사를 마무리하고, 경북 지역 동해안 최북단에 위치한 칠보정 활터로 향한다. 칠보정은 울진군 북면 남산길, 흥부생활체육공원 옆에 자리한 활터로, 총 4관 남향이다.

과거 칠보정은 바닷가에 위치했으나, 약 5년 전 현대식 활터를 신축하여 현재의 위치로 이전하였다. 주차장이 넓고 시설이 깔끔하며 주변 환경 또한 습사하기에 매우 좋은 조건을 갖추고 있다.

이 활터의 특징은 과녁이 정남향을 향하고 있다는 점이며, 육안으로는 잘 구별되지 않지만 약 1.5~2m 정도의 앙사仰射가 있어 화살 낙하지점이 잘 보이는 활터이기도 하다.

습사를 마친 후에는 죽변항으로 이동해 울진 대게, 자연산 오징어 숙회, 그리고 물회를 맛볼 수 있는데, 그 맛은 동해의 풍미를 그대로 담아낸 듯했다. 또한, 가까운 거리에 온천도 있어 활쏘기의 여운을 풀며 온천을 즐길 수 있는, 그야말로 천혜의 활터이다.

화림정 활터

화림정 활터는 인근에 화림산이 자리하고 있어, 산의 이름을 따서 명명된 영덕읍 유일의 활터이다. 총 4관의 북향 활터로, 고수부지에 위치하고 있다.

활터 주변에는 탐스럽게 익어가는 사과밭이 펼쳐져 있어, 동해안에서는 드물게 농촌 풍경이 어우러진 정겨운 활터이다.

이곳 활터 옆에는 응급 헬기 구조장이 설비되어 있으며, 또 하나의 특징은 고수부지에 위치한 활터라는 점이다. 이에 따라, 사대와 대기실이 홍수 피해를 최소화할 수 있도록 조립식 건물로 설계되어 있다. 따라서 항상 일기 예보에 신경을 기울여야 하는 활터이기도 하다. 특히, 호우 특보가 발효되면 큰물이 스쳐 지나갈 수 있도록 사대 전체를 개방하는 구조로 설계되어 있어 독특한 운영 방식이 눈에 띈다.

이곳을 방문하였을 때 약 40여 명의 사우들이 정감 있게 활을 내는 모습이 인상적이었다.

습사 후에는 영덕 강구해변에서 대게를 맛보거나, 가을철 자연산 송이를 즐길 수 있는데, 그 맛이 일품이다. 영덕은 어업과 농업이 함께 이루어지는 복합 지역으로, 먹거리 뿐 만 아니라 볼거리도 풍부하다. 또한, 인기 드라마 '그대 그리고 나'의 촬영지이기도 하여 관광객들의 발길이 꾸준한 지역이자, 정감 있는 활터로 손꼽힌다.

권무정 활터

　권무정 활터는 포항시 흥해읍에 자리한 약 290여 년의 역사를 가진 유서 깊은 활터이다. 이 활터는 조선 영조 대왕 시대, 김영수 군수께서 부임한 후 병사들을 훈련하기 위해 세운 곳으로, 이에 대한 사우들의 자부심이 대단하며 활 내는 모습 또한 매우 진지하다.

　이 활터는 원래 흥해 성내에 넓게 자리하고 있었으나, 도심이 개발되면서 주변이 도로와 상가 등으로 재개발되었고, 현재의 부지에 현대식 활터로 조성되어 운영되고 있다. 흥미로운 점은 과거 활터 부지가 상가로 개발되면서, 그 수익이 활터 운영에 보탬이 되고 있다는 점이다. 이는 다른 활터에서는 보기 드문 특징으로, 활터가 자체적인 재원을 확보하며 유지되고 있는 사례라 할 수 있다.

또한, 보통 활터의 과녁 눈썹(과녁 상단부에 횡으로 표시한 부분)은 흑색이나 청색으로 표시되지만, 권무정 활터 총 4관의 눈썹은 모두 적색이다. 이에 대해 고문님께서는 병사들의 훈련용 과녁이었기 때문에 지금까지 그 전통이 유지되어 온 것이라고 설명해 주셨으며, 이에 대한 열정과 자부심이 인상적이었다.

당시 흥해 군수의 혜안과 직관 덕분에 지금까지 활터의 명맥이 유지될 수 있었으며, 이에 대한 공덕을 기리기 위해 후배 한량들은 활터 옆에 사당을 세워 영정과 위패를 모시고 있다. 이 활터는 역사성을 지니는 동시에, 흥해읍의 무형문화재로 지정되어 있으며 살아 숨 쉬는 국궁의 상징이라 할 수 있다.

권무정 활터는 7번 국도를 따라 위치해 있어 동해안 지역으로 분류되지만, 실질적으로는 해안보다는 도농 지역에 가까운 활터이다. 따라서 습사 후에는 인근 전통시장을 방문하여 다양한 맛집을 경험해보는 것을 추천한다.

　오천읍 전통 5일장은 5, 10일장으로, 전국 읍·면 단위 전통시장 중 가장 규모가 크다. 흥해읍 5일장은 2, 7일장으로, 인근 청하 시장에서는 돼지 양념구이와 민물 매운탕이 특히 유명하다.

　또한, 도구 지역의 맑은 물로 빚은 '도구 생막걸리'는 한량들의 입맛을 자극하는 일품의 맛을 자랑하며 가까운 지역에 온천도 있어 온천욕을 즐길 수 있는 유서 깊은 문화재급 활터이다.

송호정 활터

송호정 활터는 포항시 북구 학산동 곡강천 변에 위치하며 이 활터는 현재 총 3관으로 임시 운영되고 있으며, 주변에는 파크골프장이 있어 다소 산만한 분위기이다.

과거 송호정 활터는 학산공원 내 솔밭 속에 자리하여 솔내음을 맡으며 활을 내면 마치 심신을 단련하는 듯한 아름답고 멋진 곳이었다고 한다. 하지만 도시 개발 사업의 일환으로 부지를 아파트 공사 부지로 내주게 되었고, 현재의 위치로 임시 이전하여 운영되고 있다.

함께 습사한 접장님에 따르면, 새로운 부지 확보 등이 완료되었으며 곧 공사에 착공할 예정이라고 한다. 이 활터가 더욱 좋은 환경에서 천년의 역사를 이어갈 활터로 새롭게 태어나기를 소망해 본다.

 습사 후에는 인근의 양동마을 고택과 이언적 선생이 머물렀던 독락당을 방문해 볼 만하다. 또한, 스님들이 선무도를 전수하는 골굴사와 오어사를 탐방하는 것도 좋은 경험이 될 것이다.

송학정 활터

 송학정 활터는 포항시 남구 종합운동장 내에 위치한 활터로, 총 4관의 동북향 활터이다. 활터의 좌측으로는 동해 바다가 펼쳐져 있으며, 우측으로는 현대화된 운동시설과 아파트 단지가 잘 정비되어 있다. 또한, 주차시설이 넉넉해 접근성이 매우 뛰어난 활터이다.

 이 활터는 일제강점기에 개정된 후 지금까지 명맥을 유지해 온 유서 깊은 곳이다. 송학정의 특징은 신·구 세대가 조화를 이루며 안정된 분위기를 자아낸다는 점이다. 활터 앞마당의 등나무 그늘은 한량의 품격을 더해주며, 먼 곳에서 온 방문객들에게는 활터 별실에 마련된 '다경실'茶經室에서 백 년의 향을 지닌 한방차 한 잔을 권하는 여유로움이 있다. 접장님과 함께 차를 나누며 담소를 나누는 순간은 피로를 풀어주는 특별한 추억이 된다.

특히, 송학정의 접장님은 국전급 서예의 대가로, 전시회를 개최하고 책자까지 발간한 바 있다. 필자가 송학정에서 습사를 마친 후 권무정으로 향한다고 하니, 접장님께서는 권무정을 신축하며 '권무정'勸武亭이라는 당호를 직접 쓰신 분이라고 소개해 주셨다. 이에 솔깃하여 권무정에서 습사할 때 활터 휘호를 유심히 감상해 보았는데, 가히 달필達筆이었다.

습사 후에는 포항 죽도시장에서 신선한 물회와 건어물을 맛볼 수 있는데, 전국에서도 손꼽히는 맛을 자랑하며 가격도 비교적 저렴하다. 또한, 포항의 대표적이자 세계적인 철강 산업의 상징인 포항제철을 바라보는 것만으로도 가슴이 벅차오른다.

포항시의 발전상을 직접 체감하고 동해안의 정취를 온전히 느끼고 싶다면, 유람선을 타고 한 바퀴 돌아보며 잠시 힐링의 시간을 가져보는 것도 추천할 만하다.

일출정 활터

　일출정 활터는 포항시 구룡포읍에 위치한 활터이다. 활터의 이름만 보면 동해에서 떠오르는 일출을 보며 활을 내는 곳일 것이라 기대했으나, 실제로는 일본인 촌을 지나 동네 안쪽 깊숙한 산속 계곡에 자리 잡은 아담하고 정감 있는 활터였다. 현재 총 3관으로 운영되고 있다.

　이 활터는 양쪽이 산속 계곡으로 둘러싸여 있어, 과거에는 총 2관으로 운영되었다. 그러나 사우들의 뜻을 모아 양쪽 산을 깎아 1관을 추기 증설하여 현재의 모습을 갖추게 되었다. 계곡 속에서 울려 퍼지는 관중 소리가 메아리쳐 사대까지 전해질 때면, 한량의 가슴을 설레게 한다.

　습사를 마친 후에는 바로 옆 지근거리에 위치한 동

해 바다를 바라보며 낮은 야산 언덕에 자리한 구룡포 일본인 가옥 거리를 방문해볼 만하다. 이곳은 일제강점기 당시 일본인들이 집단 거주했던 마을로, 역사의 흔적을 느낄 수 있는 관광 명소로 알려져 있다.

이후 해안 길을 따라 호미곶 동해안 일출공원과 새천년 기념관을 관람한 후, 구룡포항을 찾아 지역 특산물인 과메기를 맛볼 수 있었다. 과메기는 겨울철 별미로, 그 진미를 제대로 느낄 수 있는 곳이 바로 이곳이다.

또한, 동해안 호미곶 해안도로를 따라 드라이브를 즐기는 것도 힐링 코스로 추천할 만하다.

덧붙여 드릴 말씀은, 각궁에 애정을 가지신 총무 접장님께 감사의 인사를 드립니다. 일출정 방문 이후, 급하게 돌아오는 과정에서 동행했던 아내의 상의를 두고 귀가하였는데 후일 택배까지 챙겨주신 의리에 깊이 감사드립니다.

호림정 활터

 호림정 활터는 경주시 황성공원에 자리한 총 6관 남향의 대규모 현대식 활터이다. 신라의 성지인 경주는 별도의 소개가 필요 없을 정도로 유명한 관광지지만, 이번에는 활터를 중심으로 소개하고자 한다.

 이 활터 역시 질곡의 역사 속에서 개정과 폐정을 거듭하다가 1981년 신축 개정하여 이곳에 자리를 잡았으며, 현재 약 40여 년이 지난 경주의 유일한 활터로 운영되고 있다.

 호림정의 운영 방식에서 특이한 점은, 보통 활터에서 사두(射頭, 사정을 운영하는 대표 책임자)가 중심이 되는 체제가 아니라, 시설 공단에서 활터를 운영하고 있다는 점이다. 이에 따라 활터 내부 운영이 조금 독특하다. 즉, 안쪽 3관은 호림정 소속 정 사우들이 사용하고, 입구 쪽 제3관은 타정 한량들에게 개방하여 배려하고 있다.

과거와 달리 습사 시에는 입장료를 카드로 결제해야 하며, 일반 입장료는 2,000원, 65세 이상은 50% 할인된 요금이 적용된다. 입장 후에는 시간 제한 없이 저녁 9시까지 야간 습사도 가능하다는 점이 장점이다. 반면, 이러한 운영 방식으로 인해 호림정 사우님들과의 소통과 교류가 어려운 점은 아쉬운 부분이다.

습사 후 볼거리로 말하자면, 경주는 불국사를 비롯해 도시 전체가 세계적인 유적지이므로, 각자의 취향에 따라 관람 코스를 정하면 된다. 하지만 봄 습사를 특히 추천하고 싶다. 4월 벚꽃으로 뒤덮인 경주의 야경은 환상적이며, 이 시기에 습사를 하고 경주의 봄 정취를 함께 즐기는 것은 특별한 경험이 될 것이다. 먹거리도 풍부한데, 경주 황남빵과 역전앞 해장국을 소박하게 추천한다.

끝으로, 경주 불국사와 그 말사(末寺, 본(本) 사찰에 소속된 사찰)인 기림사에 얽힌 야사(野史, 비공식 역사 이야기) 한 토막을 소개하고자 한다.

오늘날 경주의 대표 사찰은 불국사지만, 사실 불국사는 양지(陽地, 햇볕이 잘 드는 곳)에 위치해 있다. 반면, 불국사의 말사인 기림사는 음지(陰地)에 자리하고 있다.

기림사가 본 사찰이었던 시기는 바로 선덕여왕 때였다. 이 시기에는 동해의 바닷물이 기림사 앞마당까지 들어왔다고 전해지며, 선덕여왕의 혜안과 지도력 덕분에 신라와 당시 인도국 사이의 해상 교역이 활발히 이루어지며 번영을 누렸다고 기록되어 있다.

선덕여왕 이후 계속된 신라 왕들의 후예들은 황제 시대까지 이어졌고, 시간이 흐르면서 양陽의 터인 불국사가 신라 불교의 중심 사찰로 자리 잡아 오늘날까지 이어지게 되었다.

그런데 현대사에서 최초의 여성 대통령이면서도, 불행한 탄핵의 오명을 안고 퇴진한 박근혜 전 대통령이 당선되던 해, 기림사의 신도 수가 급격히 증가했다는 신도회 관계자의 말에 아이러니함을 느꼈다.

경주를 떠올리면 불국사와 석굴암이 가장 먼저 생각나지만, 1,300여 년 전 선덕여왕 당시의 의미를 되새기며 천년고찰 기림사를 탐방해보는 것도 추천할 만하다.

탈해정 활터

탈해정 활터는 경주시 양남면 한마음공원 내에 위치한 활터로, 총 6관 서향으로 운영되며 바람은 대부분 촉바람(뒷바람)이 분다. 경주시와 울산시의 경계지역에 있어 볼거리와 먹거리가 풍부한 곳이기도 하다.

이 활터는 2017년에 개정된 넓고 쾌적한 현대식 활터로, 시원한 동해 바닷바람을 맞으며 활을 낼 수 있는 장점이 있다. 그러나 아쉽게도 활터가 충분히 활성화되지 못하고 있다는 느낌이 든다.

탈해정은 경주시 끝자락, 고리원자력발전소 주변 공원 내에 위치하며 한국수력원자력이 조성한 현대식 활터이다.

필자가 이 활터를 찾았을 때는, 활터 탐방 습사를

위해 1개 관을 사용할 수 있도록 안내문이 게시되어 있었으며, 우측 쪽문을 통해 출입할 수 있도록 배려하고 있었다. 그러나 막상 활터에 도착하니 습사하는 사원이 없었고, 사대가 텅 비어 있어 매우 당황했던 기억이 난다.

대신, 마음껏 활을 내며 편안한 시간을 보낸 후, 동해 바닷속 전설의 왕릉인 무열왕릉을 답사할 수 있다. 그리고 2-3일의 일정을 더하여 마우나 오션 골프 리조트에서 잠시 활터 탐방을 뒤로하고 골프에 흠뻑 빠질 수도 있다. 코오롱 그룹에서 운영하는 이 골프장과 리조트는 그야말로 풍요로움을 흠뻑 느낄 수 있는 곳이다.

울릉도 활터

동해안의 대표적인 섬, 우산국 울릉도를 빼놓을 수 없다.

울릉도의 행정구역은 경상북도에 속하지만, 접근 방법은 해상 뿐이다. 과거에는 속초시 임원진항에서 쾌속정을 타면 울릉도로 입도할 수 있었다. 지금은 포항에서 여객선을 이용하면 된다. 동해바다의 완결판이라 불리는 울릉도는 누구나 한 번쯤 가보고 싶은 천혜의 관광지이다. 이곳은 볼거리와 먹거리가 풍부한 아름다운 섬으로, 그 매력이 가득하다.

현재 울릉도에는 일주도로가 개통되어 섬 전체를 반나절 만에 둘러볼 수 있으며, 관광 편의를 높이기 위해 울릉도 공항 건설이 한창 진행 중이다. 공항이 완공되면 울릉도의 접근성이 더욱 좋아질 것으로 기대된다.

울릉도를 방문하면, 나리분지를 통해 성인봉을 등반하거나, 독도와 죽도를 찾아가 그들만의 생활상을 체험해보는 것도 의미 있는 경험이 될 것이다. 또한, 울릉도의 자연과 다양한 생태계를 만끽할 수 있는 자연 휴양림 체험도 추천할 만하다.

아침 일찍 도동항과 저동항에 나가면 오징어잡이 배가 들어오는 모습을 볼 수 있으며, 울릉도 오징어가 어떻게 생산·건조되는지 그 과정과 함께 어부들의 애환도 엿볼 수 있다.

많은 사람들이 울릉도를 떠올리면 '호박엿'을 먼저 생각하지만, 사실 이는 잘못된 상식이다. 울릉도에서 유명한 것은 '후박엿'으로, 이는 울릉도에서 자생하는 후박나무에서 추출한 원료로 만들어진 것이다.

필자는 울릉도 탐방 습사 후, 울릉도에서만 자생하는 명이나물의 맛에 반해 매년 즐겨 먹고 있다. 울릉도에는 성무정과 무릉정, 두 개의 활터가 자리하고 있다.

성무정 활터

성무정 활터는 울릉군 서면 남양1길에 위치하며, 성인봉 산자락 계곡에 자리한 3관의 활터이다. 이곳에서는 오늬바람(활을 쏘는 방향에서 부는 바람)이 주로 느껴진다.

성인봉 자락에 위치해 있어 그야말로 조용함 그 자체이며, 특이한 점은 사대가 2층 구조로 되어 있다는 것이다.

이 활터에서는 동해 바다를 등지고 성인봉 산자락 계곡 방향으로 활을 내게 되는데, 겉으로 보면 하향사(下向射, 아래로 활쏘기)처럼 보이지만, 실제로는 거의 평사(平射, 수평으로 활쏘기)라는 점이 특징적이다.

무릉정 활터

무릉정 활터는 울릉읍 도동에 위치하며 3관으로 운영되는 활터로, 오늬바람이 주로 부는 곳이다.

이 활터는 도동항과 저동항 사이에 자리하고 있으며, 봉래폭포를 향해 사대가 위치해 있어 아늑한 계곡 속 활터로 느껴진다. 마치 어머니 품처럼 포근한 분위기를 자아낸다.

울릉도의 지형적 특성상, 바다를 등지고 활을 내는 방식은 성무정과 동일하다. 하지만 무릉정은 성무정보다 역사가 더 오래된 활터로, 또 다른 특징을 가지고 있다. 특이한 점은, 1층 사대에서 바로 활을 내는 방식이 마치 앙사(仰射, 위로 활쏘기)처럼 보이지만, 실제로는 평사平射로 활을 내게된다는 점이 특이하다.

비록 성무정과 무릉정은 3관 규모의 소박한 활터이지만, 독도지킴이를 기리는 '안용복배 전국 궁도대회'를 개최하는 의미 있는 장소이기도 하다.

이처럼 멋지고 정감 있는 동해의 천혜의 섬, 울릉도의 활터에서 탐방 습사를 마친 후에는 울릉도의 풍부한 해산물을 맛보는 것도 좋지만 울릉도에서만 즐길 수 있는 별미를 놓칠 수 없다.

특히, 죽도산竹島産 더덕구이와 약초 소고기 숯불구이를 명이나물에 싸서 한 점 먹어보면, 한량의 입맛과 기분을 자극하는 울릉도 대표 먹거리임을 실감할 수 있다. 지인들은 울릉도 흑염소 고기도 추천했지만, 아쉽게도 직접 맛보지는 못하였다.

청학정 활터

이 활터는 활의 고장 울산광역시 동구에 위치한 총 3관의 북향 활터이다. 울산의 대표 활터이며, 동해의 끝자락이자 남해의 시작점으로 부산 지역과 연결되는 주요 요충지에 자리하고 있다. 울산은 대한민국 산업화와 공업화를 이끈 도시인 만큼, 청학정 활터에서의 탐방 습사는 한량들에게 설렘 그 자체라 할 수 있다.

이 활터는 일제강점기인 1921년에 설립된 유서 깊은 활터로, 100년이 넘는 역사를 자랑한다. 그 세월만큼이나 여러 차례의 이정을 거쳤으며, 선배 한량들의 업적과 흔적이 곳곳에 남아 있다.

안정감과 역사성이 느껴지는 이 활터에서 탐방 습사를 마친 후, 동해에서의 마지막 습사 탐방지로 방어진항 활어센터를 추천한다. 이곳에서는 신선한 자연산

회를 맛볼 수 있으며, 방어진의 고래잡이 역사를 체험할 수 있는 '방어진 역사관'도 함께 방문할 수 있다. 또한, 울산의 발전상을 대표하는 현대중공업 견학도 추천할 만하다.

 울산광역시의 활터는 고헌정, 공원정, 무릉정, 물막정, 원학정 활터 등이 있으며, 이들은 지리적으로 동해 최남단에 위치한 대표적인 활터이므로 이번 동해안 활터 탐방에서 함께 소개하지 못한 점을 널리 양해 바란다. 그 외 활터들은 기회가 된다면 필자가 직접 탐방 습사를 진행한 후, 내륙 활터 소개 때 다루도록 하겠다.

 비록 아쉬움이 남지만 이번 동해안 활터 탐방 습사를 마무리하며, 다음으로는 남해안을 따라 활터 탐방을 이어갈 예정이다.

 다음 탐방은 부산 사직정 활터를 시작으로, 남해안 활터 탐방 습사를 안내하며 출발한다.

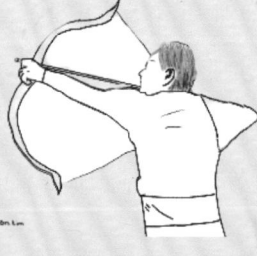

셋째 순巡

남해안 따라
활터 탐방

셋째 순巡

남해안 따라 활터 탐방

    우리나라 남해안은 볼거리와 먹거리가 풍성한 천혜의 자연조건을 갖춘 해안 도시들이 발달한 지역이다. 한량이라면 활을 메고 탐방 습사를 떠나고 싶은 유서 깊은 활터들이 많은 곳이기도 하다. 이에 따라, 이번 남해안 활터 탐방은 부산광역시에서 출발하여 경상남도를 거쳐 전리남도 신인군까지 이어지는 경로로 한성하였다.

    특히, 남쪽 내륙 지방에는 국궁의 맥을 이어가고 있는 유서 깊은 활터들이 다수 위치하고 있다. 그러나 이 책의 특성상 필자의 습사 기록은 해안 활터 위주로 구성되었기 때문에 내륙 활터를 소개하지 못한 점이 끝내 아쉬움으로 남는다.

다만, 다음 기회에 여건이 허락된다면 내륙 활터 탐방 습사 편을 별도로 마련하여 소개할 생각이다.

III. Touring Hwalteo Along the South Coast

Korea's South Coast is home to coastal cities that have flourished under exceptional natural conditions, offering an abundance of scenic attractions and local delicacies. For *Hanryang*, it is also a region rich with historic *Hwalteo*, making it an irresistible destination for those who long to embark on an archery journey. Accordingly, this South Coast *Hwalteo* tour follows a route that starts in **Busan** Metropolitan City, passes through **Gyeongsangnam-do**, and extends all the way to **Shinan County** in Jeollanam-do.

Notably, the southern inland regions are also home

to numerous historic *Hwalteo* that have preserved the legacy of *Gukgung*. However, given the focus of this book, my archery journey primarily covers coastal *Hwalteo*, leaving me with lingering regret for not being able to introduce the inland *Hwalteo*.

That said, if circumstances permit in the future, I hope to dedicate a separate volume to exploring inland *Hwalteo* and share that journey in greater detail.

국궁 속담 세순巡

석양돋움

⇨ 아침부터 저녁까지 활을 쏘면 말도 사람도 지치게 마련이다. 줌손을 올리지 않으면 과녁까지 화살을 보낼 수가 없다. 그래서 저녁 햇빛에는 줌손을 위로 더 올리라는 말이다.

아랫목 애기 밀어 제치고 활 점화 넣는다.

⇨ 예전 농촌 궁사들은 자기 활을 자기 집에서 점화를 넣었다. 아랫목 따뜻한 곳에 이불을 깔고 활을 넣어 점화를 했다. 농사일을 하던 궁사가 활을 쏘려고 급히 집에 가서 아랫목에 잠재운 아기를 윗목으로 제쳐 버리고 활 점화를 넣는다고 했다는 말이다.

과녁 도둑이 큰 소리 친다.

⇨ 종래 농촌에서는 마을마다 활쏘기가 풍습이어서, 겨울철 농한기에는 과녁을 지고 다니며 활을 쏘았다고 한다. 때로는 다른 마을의 과녁을 훔쳐 활을 쏘았는데, 과녁주인이 나타나 반환을 요구하면 오히려 도둑이 활을 맞추어 이기면 가져가라는 적반하장을 하였다는 것이다.

구덕정 활터

남해안 활터 탐방의 시작점은 부산시 서구 서대신동, 엄광산 자락 대신공원 인근에 위치한 구덕정 활터이다. 이 활터는 총 3관 규모로, 서·동향 활터이다.

해양도시 부산의 활기와 전통이 어우러진 도시에 걸맞게, 50년 이상 국궁의 맥을 이어온 구덕정 활터는 고즈넉한 분위기와 탐방 습사의 매력을 지닌 활터이다.

참고로 부산에는 구덕정, 낙동정, 수영정, 사직정 등 네 곳의 전통 활터가 국궁의 전통을 이어가고 있다. 하지만, 이번 남해안 활터 탐방에서는 대표적으로 구덕정 활터만 소개하는 점이 아쉽다. 그러나 남해안 활터 탐방의 출발점으로서 큰 의미를 두고자 한다.

습사 후에는 부산의 명물인 자갈치시장에서 신선한

해산물을 맛보거나, 부산의 대표 음식인 돼지국밥과 밀면을 취향에 따라 다양하게 즐길 수 있다.

볼거리가 많은 부산에서 힐링할 수 있는 장소로는 해운대 해수욕장, 태종대, 오륙도 등이 있으며, 국제시장과 해운대 전통시장을 방문하면 부산의 다양한 매력을 한껏 만끽할 수 있다.

진해정 활터

경상남도 창원시 진해구에는 벽해정과 진해정, 두 곳의 활터가 있다.

벽해정은 총 4관 북동향 활터로, 진해정보다 볼거리 등이 풍부하지만, 이번 탐방이 해안 위주의 습사에 초점을 맞춘 만큼 아쉽게도 진해정3관 남서향 활터를 소개하게 되었다.

진해는 과거 해군사관학교가 위치한 해군의 본거지로, 대표적인 군사 도시이기도 하다. 이 도시는 일제 강점기 당시 대표적인 계획도시로 설계되어, 도로의 차량 흐름이 원활하고 교통 체증이 거의 없는 쾌적한 해양 도시로도 명성이 높다.

진해정 탐방 습사로는 벚꽃이 만개하는 봄 시즌에 방문하는 것을 추천한다. 벚꽃 시즌에는 경화역 벚꽃

길과 여좌천 '로망스 다리'를 방문하면 환상적인 풍경을 감상할 수 있다. 또한, 진해정 활터는 깔끔하게 정돈된 시설 덕분에 습사를 하면서도 힐링할 수 있는 대표적인 활터이다.

진해에서 즐길 수 있는 볼거리로는 진해루, 흰돌메공원을 추천하며, 시간이 여유롭다면 불모산과 해양공원 방문도 추천한다.

먹거리로는 창원 마산어시장이 대표적인데, 조선시대부터 이어져 내려온 전통 어시장으로, 다양한 해산물을 즐길 수 있고 회국수, 아구찜, 낙지 연포탕 등 해산물 일품 요리를 맛볼 수 있다.

금무정 활터

 금무정 활터는 거제시 장목면 장목항 인근 해안에 위치한 대표적인 남해안 활터로, 총 3관 동향이다.

 거제시에는 금무정 활터를 포함해 총 4개의 활터가 있다. 그중 계룡정 활터는 거제 종합운동장 내에 위치하여 다소 내륙에 자리하고 있지만, 신축된 총 4관 서남향 활터로 거제의 대표적인 활터 중 하나로 자리매김하고 있다. 이 활터는 해안을 따라 습사가 가능한 지근거리에 있으며, 현대적인 시설을 갖추고 있어 이용이 편리하다. 시간이 여유롭다면 거제시에 있는 활터들을 모두 탐방하며 습사하는 것도 좋은 선택이다.

 백파정 활터는 거제시 농포동에 위치한 3관 남서향 활터로, 거제 앞바다와 가까운 거리에 자리하고 있다. 하지만 활터 주변에는 아파트 단지가 형성되어 있어 도심 속에서 활쏘기를 즐길 수 있는 독특한 환경을 갖추고 있다.

연무정 활터

연무정 활터 역시 남해안 바다가 지척에 있는 거제면 초입에 위치한 3관 동향 활터이다.

아름다운 해양도시 거제는 우리나라 조선·해양산업을 선도하는 중요한 도시이다. 이곳에서 습사를 마친 후에는 거제의 대표적인 관광 명소를 둘러보는 것을 추천한다. 거제 해변 8경 중 하나인 흑진주 몽돌 해수욕장에서 고운 몽돌 해변을 감상하고, 일운면에 위치한 거제 씨월드에서 돌고래를 만나보며 힐링의 시간을 가져보는 것도 좋다.

그 외에도 거제는 남해안의 대표적인 관광도시로, 시간이 허락한다면 파노라마 케이블카, 거제 식물원, 외도 등도 꼭 볼거리로 한 몫 하는 곳이다. 먹거리 또한 다양하다. 성포항에서는 코끼리조개와 쥐치 등 신선한 해산물 요리를 맛볼 수 있으며, 묵은지 고등어찜은 여행객들의 입맛을 사로잡는 별미 중 하나다.

장군정 활터

장군정 활터는 통영시 산양읍에 위치한 통영 산양 스포츠파크 내에 자리한 신축 4관 활터이다.

인근에는 삼덕항과 직포항을 비롯해 수많은 항구가 있으며, 통영은 '동양의 나폴리'라는 별명답게 아름다운 자연경관을 자랑하는 천혜의 해양도시이다.

통영에는 세 곳의 활터가 있으며, 모두 유서 깊은 한산섬 제승당과 가까운 곳에 위치해 있다. 따라서 어느 활터를 방문해 탐방 습사를 하더라도 충무공 이순신 장군의 얼을 느낄 수 있는 특별한 경험을 할 수 있다. 탐방 습사를 사랑하는 한량이라면 누구나 한 번쯤 방문하고 싶은 활터이다.

한산정 활터

한량들의 로망이라 불리는 통영의 꽃, 제승당 경내 한산정 탐방 습사는 누구나 한 번쯤 동경하는 활터이다. 그러나 습사를 마친 후에도 제승당이 맞는지, 한산정 활터가 맞는지 헷갈리는 사우들이 종종 있다.

한산정 탐방 습사는 선착장에서 배를 타고 한산도로 이동한 뒤, 입장료를 내고 제승당 경내에 입장하여 시작된다. 제승당은 성웅 이순신 장군을 모신 곳으로, 이곳을 참배한 후 총 2관 북·서향의 한산정 활터에서 습사를 진행하게 된다.

한산정은 이순신 장군을 기리기 위한 상징적인 활터로 매우 의미가 깊다. 충남 아산에 위치한 이순신 장군의 생가 터에는 개인 활터 1관이 있으며, 이곳에서 청년 이순신이 무과에 급제할 때까지 매일 습사하며 실력을 갈고 닦았다. 다만, 현재 이곳에서는 활을 낼 수 없으며, 인근 아산정 활터에서 장군의 얼과 혼을 기리며 탐방 습사를 할 수 있다.

아산정 활터는 서해안을 따라 이어지는 활터 탐방에서 자세히 소개할 예정이다.

열무정 활터

열무정 활터는 남양산 조각공원 내에 위치한 3관 북향 활터이다.

이곳까지 탐방 습사를 마쳤다면, 통영의 활터 탐방을 완성한 셈이다. 통영은 우리나라를 대표하는 미항美港이자, 한려수도 해상공원이 자리한 곳으로, 볼거리와 먹거리가 풍부하다. 이 글에서는 필자가 경험한 몇 가지를 소개하며, 한량들이 각자의 취향에 맞게 현장 체험을 충분히 즐기길 바란다.

탐방 습사 후에는 통영의 대표적인 사찰, 미륵산 용화사를 방문해보길 추천한다. 이곳에서는 통영 바다와 어우러진 아름다운 경관을 감상할 수 있다. 시간이 여유롭다면 통영 케이블카를 타고 미륵산 정상에서 내려다보는 한려수도의 절경을 즐기고, 이순신 장군 공원을 천천히 둘러보는 것도 좋다. 또한, 봉평동 벽화마을인 봉평(피)랑길과 연결된 상설 재래시장에서 건어물을 쇼핑하며 통영의 정취를 느껴보는 것도 추천할 만하다.

해저터널과 통영대교의 야경은 빼놓을 수 없는 볼거리 중 하나다.

먹거리 또한 통영 여행에서 빠질 수 없다. 대표적인 음식으로는 충무김밥과 싱싱한 통영 생굴 요리가 있으며, 이는 한량들의 입맛을 돋우고 피로를 풀어주는 별미가 될 것이다.

대덕정 활터

대덕정 활터는 사천시 끝자락 선구동 용두공원 인근에 위치한 활터로, 4관 북동향 활터이다.

사천시는 삼천포천의 상류 지역에 자리하며, 역사와 전통을 자랑하는 활터가 네 곳 있는 곳이다. 그러나 이번에 남해안과 가까운 대덕정 활터만 소개해야 한다는 점이 아쉽다.

사천은 미식가들의 입맛을 사로잡는 다양한 먹거리를 자랑하는 도시이기도 하다. 사천 한우와 흑돼지구이는 물론, 해물탕 요리와 시원한 냉면도 일품이다.

탐방 습사를 마친 후에는 항공우주박물관 관람이 필수 코스다. 사천시는 우주항공 산업의 중심지답게 매년 항공 에어쇼가 열리며, 사천과 남해군을 연결하는 삼천포대교를 걸으며 감상하는 남해안의 낙조 또한 장관이다.

특히, 사천에서는 벚꽃과 철쭉이 피는 시기에 맞춰 탐방 습사를 계획하는 것도 고려해볼 만하다. 이외에도 사천읍성의 고즈넉한 분위기와 비토섬 갯벌이 잘 보존되어 있어, 습사뿐만 아니라 자연과 역사를 함께 즐기기에 좋은 곳이다.

금해정 활터

금해정 활터는 남해군 남해읍 봉영산 자락에 위치한 4관 동남향 활터로, 남해에서 유일한 활터이다.

이곳 금해정 활터의 입구에 들어서면 17연 몰기* 기념비를 마주하게 된다. 그 순간, 필자와 같이 활린이는 탐방 습사의 의미를 더욱 결연하게 다지게 되며, 남해산 화살을 사용하는 뿌듯함까지 느껴지는 순간이기도 하다.

탐방 습사를 다니다 보면 눈에 보이지 않지만 활터마다 고유한 사풍이 있음을 느끼게 된다. 특히, 금해정 활터의 사우들은 강한 자긍심을 가지고 있으며, 그들의 활쏘기에 대한 열정을 엿볼 수 있다.

필자가 탐방 습사를 다니면서 직접 들은 이야기 중

---

* 한 순(巡, 화살 5矢)을 연속적으로 과녁에 관중하는 것을 의미한다.

하나는, 경기도 대군정의 고문계서 12연 몰기를 성공하셨다는 것이었다. 이 말을 들으며 '과연 가능할까?'를 늘 가슴에 새기고 있었는데, 금해정 활터에서 17연 몰기 기념비를 보는 순간, 인간의 경지를 넘어선 신의 영역이라 부를 수밖에 없었다.

활쏘기는 예의와 겸손, 그리고 겸양의 운동이며, 동시에 우주의 기를 움켜쥐고 마음을 다스리는 과정이다. 이는 고요함 속에서도 끊임없이 움직이는 정적이면서도 동적인 무예라고 필자는 정의하며, 이에 하루하루 정진하고 있다. 필자는 이렇게 좋은 무예에 늦게 입문한 스스로를 되돌아보며, 그리고 활터 탐방 습사를 통해 전국의 선배 접장님들의 혼과 얼을 느끼며, 일생에 부족했던 마지막 퍼즐 한 조각을 발견한 듯한 감개무량함을 경험했다.

남해에는 다양한 볼거리가 있다. 다랭이 마을, 편백자연휴양림, 전망대, 독일 마을 등과 함께 아름다운 일몰 감상을 할 수 있는 곳들이 많아, 깊은 추억을 남기기에 충분하다.

먹거리로는 청정해역에서 잡아올린 멸치회와 쌈이 별미이며, 남해 전통시장을 방문해 간단한 요기를 즐기는 것도 한량다운 멋이 아닐까 한다.

충무정 활터

 전남 지역 남해안의 활터 탐방 습사는 여수 앞바다를 노래한 가사처럼, 환상적인 여수 앞바다를 배경으로 펼쳐진다. 그 첫 번째 활터는 충무정이다.

 충무정은 여수시 종화동 자산공원 인근에 위치한 총 3관의 동향 활터로, 바다를 가까이 두고 활쏘기를 즐길 수 있는 곳이다.

 여수에는 총 세 곳의 활터가 있으며, 모두 해안 인근에 위치하고 동일한 문화권에 속해 있어 볼거리와 먹거리에 대한 소개는 무선정 아래에서 일괄적으로 소개하였다.

 여수의 두 번째 활터인 군자정 활터는 오림동 전남체육공원 내에 위치하고 있으며, 종합운동장 옆 진남스포츠센터 내에 자리한 총 3관의 활터이다. 이 활터는 편의 시설이 완벽하고, 주차 공간도 넓다.

무선정 활터

무선정 활터는 여천공원길 망마국민 체육센터 내에 위치한 총 3관의 남·서향 활터이다. 이 활터 역시 지자체 체육시설 현대화 사업의 일환으로 조성되어 체육관과 경기장 옆에 자리하고 있다. 습사에 불편함이 없으며, 주차 시설도 양호한 편이다.

여수는 2012년 엑스포 박람회를 기점으로 대대적인 정비가 이루어진 낭만의 해안 도시로, 볼거리와 먹거리가 풍부한 곳이다. 여수를 대표하는 힐링 코스로는 오동도의 동백꽃길 산책이 있으며, 케이블카를 타고 유명한 향일암 사찰을 방문해 야경을 감상하며 새해 소원도 빌어볼 만 하다.

또한, 여수 밤바다의 야경을 감상한 후, 최근 개통된 연육교를 이용해 고흥까지 이동하여 고흥 우주전망대를 관람하는 것도 색다른 경험이 될 것이다. 시간적 여유가 있다면, 여수에서 배를 타고 백도와 거문도 체험을 해보는 것도 추천한다.

 여수의 대표 먹거리는 돌산 갓김치와 싱싱한 자연산 회, 돌문어가 있다. 특히, 여수항 포장 마차 촌을 방문하면 저렴한 가격에 맛볼 수 있으며 사람 사는 향기도 느낄 수 있다.

환선정 활터

 순천시에는 두 곳의 활터가 있다. 그중 하나인 인향정 활터는 서면 주천길 팔마로에 위치한 내륙 활터로, 총 3관의 동·남향 활터이다. 반면, 환선정 활터는 해안 인접 지역인 팔마 종합운동장 내에 위치한 4관 남향 활터로, 최신 시설을 갖추고 있다. 편의 시설과 주차 공간이 넉넉해 접근성이 뛰어나며, 탐방 습사를 하기에 좋은 환경이다.

 순천은 농촌과 어촌이 공생하는 도시이기 때문에 먹거리와 볼거리가 풍부하다. 순천이 대표적인 먹거리로는 돼지국밥, 생닭구이, 맛조개탕, 도다리쑥국 등이 있으며, 특히 도다리쑥국은 봄철 별미이다.

 볼거리로는 우리나라의 대표적인 불교 성지인 송광사 참배가 의미 있는 사찰 여행이 될 것이며, 순천 고인돌 공원을 방문하여 역사적 가치를 지닌 유적지를 직접 둘러보는 것도 추천할 만하다. 시간이 허락된다면 순천 전통시장인 웃장터에 들러 지역의 정취와 애환을 경험해보는 것도 좋은 선택이 될 것이다.

관덕정 활터

전남 보성군에는 두 곳의 활터가 있다. 청학정 활터는 보성읍 보성군청 인근에 위치한 총 4관 동향의 내륙 활터이며, 관덕정 활터는 벌교읍 벌교천 강변에 자리한 총 4관 동북향의 유서 깊은 활터이다.

두 활터 모두 현대식 건물로 조성되어 있어 탐방 습사에 적합한 환경이다. 특히, 관덕정 활터는 인근에 벌교숲 공원과 칠동천이 흐르고 있어 운치가 남다르다. 또한, 벌교역이 가까워 접근성이 뛰어나 여행객들이 방문하기에도 매우 좋다.

벌교는 꼬막 요리로 유명하며, 보성 지역 특산물로는 서리태와 다향을 느낄 수 있는 보성 녹차가 있다. 탐방 습사를 마친 후에는 공룡공원, 녹차밭, 제암산 자연휴양림을 방문해 보성의 자연을 만끽하는 것도 추천하며, 보성의 대표적인 관광지인 장도섬과 명교 해수욕장 역시 함께 둘러보면 더욱 알찬 여행이 될 것이다.

영주정 활터

고흥군은 군 단위 지역에 다섯 곳의 활터를 지닌 유일한 곳으로, 옛부터 향교 교육이 뿌리내린 예의와 충절의 고장이라 전해진다.

영주정 활터는 과역면 고흥로에 자리하며, 총 3관 북향 활터로서 고요한 분위기 속에서 습사하기에 적합한 곳이다. 문무정 활터 또한 두원면에 위치한 총 3관 북향 활터로, 번잡함이 적어 정갈한 마음으로 활을 낼 수 있는 곳이라 할 수 있다.

봉황산 기슭에 자리한 봉황정 활터는 3관 북.서향 활터로, 고흥군청과 인접해 있으며, 사우들의 발걸음이 잦은 유서 깊은 활터이다. 홍무정 활터는 풍양면사무소 인근에 위치한 총 3관 북향 활터이며, 경호정 활터는 도양읍 동두메 2길 동두산 체육공원 내에 자리한 활터로, 이 또한 총 3관의 북향 활터이다.

고흥군은 봉황정 활터를 제외한 네 곳의 활터가 모두 북향을 이루고 있으며, 과녁 또한 모두 3관으로 고루 배치되어 있다.

 고흥군의 대표적인 먹거리로는 면역력 증진에 으뜸이라 일컬어지는 매생이 요리가 있으며, 낙지회 무침과 전골, 쭈꾸미 숙회와 전골, 새조개 요리 또한 일품이다, 이곳을 찾는 이들의 입맛을 사로잡기에 부족함이 없다.

 볼거리로는 고흥향교와 능가사 사찰이 있으니, 이 두 곳은 여러 점의 국보를 소장한 유서 깊은 장소로 이름나 있다. 또한, 고흥우주 천문과학관과 발포역사전시관을 비롯하여, 다양한 유물이 곳곳에 자리한 예향藝鄕의 고장이기도 하다.

 아울러, 해마다 녹동 바다 불꽃 축제와 우주항공 축제가 성대히 열리니, 탐방 습사의 시기를 잘 맞춘다면, 이 고장의 다채로운 문화를 함께 경험할 수 있을 것이다. 활을 쏘며 절개의 기개를 다지고, 고흥의 역사와 예술을 두루 살펴보며 뜻깊은 시간을 보내는 것 또한 한량으로서 누릴 수 있는 풍류라 하겠다.

관덕정 활터

전남 장흥군 장흥읍 읍성로에 자리한 이 활터는 총 4관 남향 활터로, 오랜 역사와 전통을 자랑하는 유서 깊은 활터이다. 예술회관 인근에 현대식 건물로 단장되어 있어 편의시설과 주차 공간이 잘 갖추어져 있으며, 접근성이 용이하여 습사하기에 안락하다.

활터 주변에는 다양한 편의시설이 자리하고 있을 뿐만 아니라, 매주 토요일이면 정남진 장흥 토요시장이 열려 사람들로 붐비니, 활터 탐방과 더불어 장터의 정취를 느껴보는 것도 흥미롭다.

장흥에는 장흥 한우 암소고기와 정남진 한식 별미가 대표 먹거리로 널리 알려져 있어, 한량들이 이곳을 찾는다면 반드시 들러야 할 명소라 하겠다.

볼거리로는 정남진 전망대에서 내려다보는 절경이

일품이며, 편백숲 우드랜드에서 삼림욕을 즐기며 심신을 달래는 것도 좋다. 또한, 수문 해수욕장의 너른 백사장을 거닐거나, 관산 둘레길을 산책하며 청량한 기운을 온몸으로 느껴보는 것도 활을 쏘는 이들에게 더없는 힐링이 될 터이다.

양무정 활터

전남 강진군에는 두 곳의 활터가 자리하고 있다. 하나는 병영면 병영성로에 위치한 관덕정 활터이고, 다른 하나는 강진읍 보은로에 위치한 양무정 활터이다.

관덕정은 총 3관으로 운영되며, 양무정은 총 3관 동북향 활터로, 강진군청과 종합운동장, 그리고 월출산 국립공원 인근에 자리하여 각종 편의시설이 잘 구비되어 있다. 이에 따라, 오랜 역사를 자랑하는 관덕정 못지않게 양무정을 찾는 탐방 습사 한량들이 많다고 전한다.

이곳 강진은 미식가들의 입맛을 돋우는 별미 또한 풍부하니, 간단히 요기를 하고자 한다면 종합 분식 타운을 찾는 것이 좋으며, 강진 한우는 그 육질이 뛰어나니 한량이라면 반드시 맛보아야 할 별미라 하겠다.

볼거리 또한 다채로워, 만덕산과 주작산 자연휴양림을 거닐며 청량한 기운을 온몸으로 느껴보거나, 백운동 정원의 고즈넉한 운치를 감상하는 것도 추천할 만하다. 더불어, 고려청자 디지털 박물관에서 강진이 자랑하는 청자의 아름다움을 감상한 뒤, 다산 정약용 선생께서 유배 생활 속에서도 실학을 집대성한 국가유산, 다산초당을 방문하여 선생의 사상과 학문을 되새기는 것은 뜻깊은 여정이 될 것이다.

만수정 활터

해남군 해남읍 해남로 우슬 경기장과 땅끝 스포츠클럽 내에 자리한 만수정 활터는 해남의 유일한 활터로, 총 3관 북향 활터이다. 신축 활터로서 편의시설과 주차 공간이 잘 갖추어져 있어 접근성이 뛰어나며, 해남의 명소인 땅끝마을 관광과 더불어 탐방 습사를 즐기기에 최적의 장소라 하겠다.

해남군은 농업과 어촌이 공존하는 지역으로, 2024년 농림축산식품부에서 지역 먹거리 부문 2년 연속 최우수 군으로 선정된 바 있다. 그만큼 먹거리와 볼거리가 풍성한 곳이라, 이곳을 찾는다면 미식의 즐거움을 만끽할 수 있을 것이다. 해남을 대표하는 음식으로는 보리굴비, 한우 닭고기 샤브샤브, 장어 요리 등이 유명하며, 그 맛이 일품이라 한다.

볼거리 또한 습사를 마친 후 찾을 만한 곳이 즐비하

다. 달마산 도솔암과 미황사, 대흥사는 유서 깊은 대표 사찰로, 그 역사와 함께하는 산사의 고즈넉한 정취가 일품이다. 또한, 해남의 상징이라 할 수 있는 땅끝마을과 목포 구舊 등대를 방문해 그 절경을 감상하는 것도 좋을 것이다. 해마다 열리는 명량대첩 축제 또한 이 고장의 역사와 기개를 되새길 수 있는 뜻 깊은 행사이니, 탐방 습사의 시기를 맞추어 이와 함께 경험하는 것도 고려해 봄직하다.

청해정 활터

완도군 완도읍, 완도경찰서 인근에 자리한 이 활터는 완도에서 유일한 활터로, 총 4관 남향이며 촉바람이 자주 부는 활터이다. 편의시설과 주차 공간 또한 잘 갖추어져 탐방 습사에 더없이 좋은 활터라 할 수 있다.

완도의 김과 파래, 전복 요리는 미식가들 사이에서 명성이 자자하다. 또한, 향긋한 유자청 또한 일품이라, 한량들이라면 한 번쯤 맛보아야 할 별미라 하겠다.

볼거리 또한 풍성하니 탐방 습사를 마친 후 시간이 허락된다면 금당도, 청산도, 생일도, 보길도, 노화도, 여서도, 소안도 등지로 떠나 섬나라 여행을 즐겨보는 것도 좋다. 특히, 동고리 해변과 명사십리 해수욕장은 고운 모래알이 유난히 곱기로 유명하다.

창덕정 활터

　진도군 진도읍, 진도공설운동장 내에 자리한 이 활터는 총 3관의 북향이다. 이 활터는 진도군 내 유일한 활터로, 편의시설과 주차 공간이 잘 갖추어져 있다.

　진도에는 먹을거리가 풍성하기로 유명한 곳이다. 대표적인 먹거리는 생선 요리 중 전복과 꽃게 요리, 바지락과 낙지 요리가 일품이다.

　볼거리 또한 풍성하니 세방 낙조 전망대에서는 장엄한 해넘이를 감상할 수 있으며, 해마다 열리는 진도 신비의 바닷길에서는 바다가 갈라지는 경이로운 광경을 직접 체험할 수 있어 관광겸 탐방 습사 한량들이 많이 찾는 곳이다.

용항정 활터

 남해안 마지막 탐방 습사 활터는 신안군 도초면 도초 종합운동장 부지 내에 자리한 총 3관의 동향 활터이다. 종합운동장 내 깔끔하게 조성된 용황정 활터 또한 편의시설과 주차 공간이 잘 마련되어 있어, 습사하기에 더없이 좋은 곳이다.

 신안에서 즐기는 뻘낙지 요리는 남다른 별미라 할 수 있다. 또한, 해양수산부가 2023년 '올해의 섬'으로 선정한 가거도와 만재도를 찾는 섬 여행도 한적한 섬마을의 정취를 선사할 것이다.

 신안군지도읍 전통시장을 찾아 최남단 섬 주민들의 애환을 느껴보며, 바쁜 일상에서 벗어나 신안이 지닌 느림의 미학을 체험해 보는 것도 권할 만하다. 남해안 마지막 활터 습사후 서해안 따라 탐방이 시작된다.

넷째 순巡

서해안 따라
활터 탐방

넷째 순巡

서해안 따라 활터 탐방

　서해안을 따라 펼쳐지는 활터 탐방 습사는 최북단 강화도와 김포를 기점으로 하여, 경기도 서부 해안, 충남 서해안, 그리고 전북을 지나 전남 목포까지 이어지는 장대한 여정이라 할 수 있다. 이 길은 단순한 활터 탐방을 넘어, 한량들에게 환상적인 힐링 코스가 될 것이다.

　우리나라는 삼면이 바다로 둘러싸인 해양 국가로, 지역마다 특색 있는 먹거리와 볼거리가 즐비하다. 또한, 동·서·남해안의 뚜렷한 해수 온도 차이와 더불어, 일출과 일몰이 빚어내는 천혜의 절경이 곳곳에서 펼쳐지니, 한량이라면 취향에 따라 그 감동을 선택할 수 있다는 점 또한 이 책이 지닌 흥미로움이라 하겠다.

제주도 탐방 습사는 한라산 등반과 장엄한 일출, 올레길을 따라 걷는 여정과 함께, 청정 해역의 신선한 먹거리를 즐기는 것이 핵심이라 할 것이다. 남해안은 풍성한 해산물과 지리산을 비롯한 절경이 함께하여, 먹거리와 볼거리가 조화를 이루는 곳이며, 동해안은 정동진의 일출과 설악산의 웅장함, 해양 스포츠 체험까지 더해져 활터 탐방과 함께 역동적인 체험이 가능한 곳이다.

이에 반해, 서해안은 다도해의 특성상 섬들이 많아 자연경관이 빼어난 활터들이 자리하고 있으며, 탐방 습사 후 감상하는 서해의 낙조는 그야말로 절경이라 할 만하다. 더불어, 서해 갯벌이 선사하는 싱싱한 조개류, 쭈꾸미, 꽃게 요리 등의 먹거리는 탐방의 즐거움을 한층 배가시킨다.

IV. Touring Hwalteo Along the West Coast

The *Hwalteo* tour along the West Coast is an extensive journey that begins in **Ganghwa Island** and **Gimpo**, the northernmost points, and continues through the western coast of Gyeonggi Province, the Chungcheongnam-do coastline, and Jeollabuk-do, ultimately reaching **Mokpo** in Jeollanam-do. This route is more than just an archery tour—it is a deeply rejuvenating journey for *Hanryang*.

As a maritime nation surrounded by the sea on three sides, Korea offers a diverse range of local delicacies and scenic attractions unique to each region. Additionally, the stark differences in seawater temperatures between the East, West, and South Coasts, along with the breathtaking sunrises and sunsets, create spectacular landscapes throughout the country. For *Hanryang*, this variety allows for a personalized and immersive experience, making the journey even more fascinating.

A *Hwalteo* tour in Jeju Island centers around hiking **Hallasan**, witnessing its majestic sunrise, walking the Olle Trails, and enjoying the pristine seafood from the island's unspoiled waters. The South Coast blends its abundant seafood offerings with breathtaking scenery, including **Jirisan**, creating a perfect harmony of flavors and sights. Meanwhile, the East Coast offers a more dynamic experience, combining archery tours with the magnificent sunrise at **Jeongdongjin**, the grandeur of

Seoraksan, and thrilling marine sports.

In contrast, the West Coast, with its countless islands forming the **Dadohae** archipelago, is home to *Hwalteo* with exceptional natural scenery. After a day of archery, witnessing the stunning West Sea sunset is truly a breathtaking and unforgettable experience. Furthermore, the rich tidal flats of the West Coast provide an array of fresh seafood, including clams, webfoot octopus, and blue crabs, making the journey all the more rewarding.

국궁 속담 네순巡

마음에 드는 활 부러지면 자식 잃은 것만 같다.

⇨ 궁사가 자기 마음에 드는 활을 만나는 것은 여간 어려운 일이 아니다. 평생 한두개 만나질까 말까이다. 때문에 마음에 드는 활을 만난 한량이 그 활로 활 쏘기를 즐기다가 활이 잘못 뒤집혀서 부러지게 된다면 세상을 잃은 것처럼 애통함을 느끼게 된다. 이를 비유한 속담이다.

배꼽이 과녁을 겨눈다.

⇨ 활을 쏠 때에 허리가 움직여서는 안된다는 것을 강조한 말이다. 배꼽이 과녁을 마주보는 자세가 흐트러지지 않게 하반신에 힘을 주어야 좋은 활쏘기가 된다.

백일 벌토질

⇨ 추수를 끝내고 겨울논바닥에 과녁거리가 될 만큼 거리를 두고 볏짚단을 세우고는, 이 볏짚단에서 저 볏집단으로 돌아가며 활을 쏜다. 볏짚단 대신 신문지를 깔아놓고 쏘기도 한다. 벌토질로 하루 1백순 이상 백일동안 한겨울내 활쏘기 동계 훈련으로 애용되었다. 이 기간에 젊은 궁사들이 시수가 부쩍 늘게 된다고 하여 각지역 활터마다 많이 애용되었다고 한다.

대호정 활터

김포시에는 대호정 활터를 비롯하여 금릉정, 분양정, 태산정이 자리하고 있다. 그중에서도 대호정 활터는 대곶면 율생리에 위치하여, 서해를 따라 이어지는 탐방 습사의 첫 번째 활터로서 의미가 깊다. 총 3관의 북향 활터로 조성되어 있다.

습사를 마친 뒤에는 인근 대명항 수산시장을 찾는 것도 좋은 경험이 될 것이다. 이곳은 어부들이 직접 잡은 싱싱한 해산물을 접할 수 있는 곳이며, 신용카드 결제가 가능한 수산물 시장이기에 신뢰가 간다. 이 외에도 아라뱃길을 따라 함상공원과 평화누리길 등 볼거리와 먹거리가 풍부하다.

활터 탐방 후 초지진 대교를 건너 강화도를 방문하는 것도 필수적인 여정이 될 것이다. 이곳에서는 고구려 시대 창건된 전등사를 찾을 수 있는데, 이는 우리나라에 불교가 전해진 최초의 사찰로 널리 알려져 있다. 더불어, 인근에 자리한 고려궁지는 강화도가 고려 시대 임시 수도로 사용되던 시절의 궁터로, 유서 깊은 역사의 흔적을 직접 마주할 수 있다.

서무정 활터

 인천시는 서해 연안을 중심으로 발전한 도시이므로, 활터 또한 해안 지역을 따라 분포되어 있다. 그중에서도 서무정 활터는 서구 서곶로에 자리한 총 3관 북향의 아늑한 활터이다.

 이곳은 국제도시와 서해안의 정취를 함께 느낄 수 있는 곳으로, 탐방 습사를 마친 후 인천 국제도시를 둘러보는 것도 추천한다. 활터에서 멀지 않은 곳에 송도 해안이 펼쳐져 있어 시원한 서해 바다 전망을 감상할 수 있으며, 운치 있는 카페들이 즐비히여 휴식을 즐기기에도 좋다. 또한, 청라 호수공원은 야경이 아름다워 탐방 후 여유로운 산책을 하기에 더없이 좋은 장소다.

 특히, 정서진에서는 장엄한 서해 낙조를 감상할 수 있으니, 하루의 끝자락을 고즈넉하게 마무리하는 데

더할 나위 없다. 이어서 정서진 전통시장을 방문하면, 싱싱한 해산물은 물론 다양하고 풍성한 요깃거리를 맛볼 수 있다.

무덕정 활터

 남구 숭의동에 위치한 무덕정은 총 3관 남동향의 활터이다. 이곳 역시 도심과 서해바다가 공존하는 활터로써 매우 정감이 넘치고 활기찬 활터이다.

 습사후 인근 수복공원 인공폭포도 볼거리이지만 자유전통시장에서 간단한 요기를 하고 시간적 여유가 있다면 인천의 대표적인 명소 월미도에서 아름다운 해변과 전통어시장을 방문하여 싱싱한 수산물과 다양하고 풍성한 음식들을 맛을 본 후 진주단지 해변을 산책 하면서 월미도 천혜의 자연경관과 바닷바람을 맛보니 아름다운 해넘이를 경험하는 것도 특별하여 추천한다.

연수정 활터

 연수구 연수동에 자리한 이 활터는 총 3관의 북동향 활터로, 약 50년의 역사를 지닌 유서 깊은 곳이다. 탐방 습사를 위해 찾은 한량들에게 사원들 모두가 친절하여, 편안한 마음으로 활을 쏠 수 있다.

 습사를 마친 후에는 이 지역에서 유명한 민속주점을 찾아 막걸리 한 잔을 기울이며, 탐방의 여정을 되새겨보는 것도 특별한 추억이 될 것이다. 또한, 인천 송도 민속공원과 민속박물관을 둘러보며 전통의 숨결을 느낀 뒤, 송도 국제파크에서 다양한 레저 시설과 쇼핑 거리를 즐기는 것도 좋다.

관무정 활터

시흥시에는 관무정 활터를 비롯하여 물왕정, 소래정, 시흥정, 양지정, 연성정, 중앙정, 황현정 등 여덟 곳의 활터가 서해 연안을 따라 자리하고 있다.

그중에서도 월곶동에 위치한 관무정 활터는 유서 깊은 활터로 소개하지만, 시간이 허락한다면 시흥시의 모든 활터를 두루 탐방하며 습사해 보는 것도 뜻깊은 활터 탐방여정이 될 것이다.

관무정은 조선 시대부터 전해 내려오는 역사 깊은 총 3관의 해안 인접 활터로, 수원의 연무정 다음으로 오래된 활터이다. 경기도 내에서도 그 위상이 높아, 무과에 급제하려면 반드시 관무정과 연무정을 거쳐야 했다는 구전이 전해질 정도로 시흥을 대표하는 활터라 하겠다.

습사를 마친 후에는 시흥 식물원 카페에서 다양한 식음료를 즐길 수 있고, 시흥 대공원과 놀이공원은 가족 단위 방문객들에게 적합한 공간이며, 시흥 민속공원에서는 전통문화를 체험할 수도 있다.

광덕정 활터

안산시에는 광덕정 활터를 비롯하여 반월정, 법화정 등 세 곳의 활터가 자리하고 있다.

그중에서도 초지동에 위치한 광덕정 활터는 수도권 전철 초지역 인근에 있어 접근성이 뛰어난 총 4관의 동향 활터이다. 현대식 건물로 지어져 있으며, 습사하기에 여건이 좋은 활터로 손꼽힌다.

탐방 습사를 마친 후에는 조선 시대에 축성된 안산성을 찾아보는 것을 권한다. 이곳은 역사적 가치를 지닌 유석지로, 활터 탐방과 함께 둘러보기에 좋은 장소이다. 또한, 안산공원은 자연 속에서 산책과 휴식을 즐기기에 알맞아 가족 단위로 방문하여 즐기기에 적합한 공간이라 하겠다.

활터 주변에는 한식과 일식, 그리고 간단한 분식까

지 다양한 먹거리가 마련되어 있어 탐방 후 허기를 달래기에 부족함이 없다.

마도정 활터

 화성시에는 마도정 활터를 비롯하여 남양정, 동탄정, 비봉정, 삼성정, 송산정, 쌍봉정, 정남정, 팔탄정, 화산정, 화성정 등 11개 활터가 있다.

 화성시는 서해안과 내륙이 함께 발달한 넓은 지역으로, 인구 유입이 많은 도시이기도 하다. 활터가 많아 선택의 폭이 넓으니, 내륙지역에 위치한 활터까지 두루 탐방하고자 하는 한량이라면 여유를 가지고 화성시 지역 전체 활터를 탐방 습사해 보는 것도 좋은 경험이 될 것이다.

 그 중 마도면에 위치한 마도정 활터는 총 3관의 남서향 활터로, 남양천과 수도권 제2순환 고속도로가 인접해 있어 접근성이 뛰어난 곳이다. 활터의 역사는 짧으나, 젊은 궁사들이 많아 각종 궁도대회에서 두각을 나타내는 활기찬 활터로, 신예 궁사들의 잠재력이 돋보이는 활터라 할 수 있다.

 습사를 마친 후에는 마도 전통시장과 화성 전통시장을 찾아 막걸리 한 잔의 추억을 남길 수 있는 정감가는 활터이다.

평택정 활터

평택시에는 평택정 활터를 비롯하여 산하정, 송무정, 화궁정 등 4개의 활터가 있다.

그중에서도 평택정 활터는 안중읍 레포츠공원 내에 위치한 총 4관의 남향 활터로, 현대식 시설을 갖춘 활터이다. 주차장과 편의시설이 완비되어 있어 습사하기에 완벽한 환경이다.

평택시는 1995년, 평택군과 송탄시가 통합되며 현재의 평택시로 자리 잡았으며, 남·북·서부 지역으로 행정 권역이 나뉜 경기도 최남단 도시로서 서해안과 접하고 있다. 또한, 해군이 주둔하는 곳이기도 하여 미래 해양도시로 선도해 나갈 잠재력이 풍부한 곳이다.

탐방 습사를 마친 후에는 평택 민속마을을 찾아 전

통 한정식을 즐기며 전통문화를 체험해 볼 수 있다. 또한, 농산물 시장과 민속공예박물관을 탐방하며 다채로운 경험을 할 수 있는 활터이다.

아산정 활터

충남 아산시에는 아산정 활터를 비롯하여 영인정, 배방정, 충무정 등 네 곳의 유서 깊은 활터가 있다.

그 중에서도 아산정 활터는 충남 서해안에서 첫 번째로 탐방하는 활터로, 아산시 영인면 토정로에 위치한 총 3관의 동향의 활터이다. 이곳에서 활을 내기에 앞서, 충무공 이순신 장군의 역사와 흔적을 먼저 살펴보는 것이 한량들의 첫 번째 덕목이라 하겠다.

아산정 활터에서 탐방 습사를 하기에 앞서, 이순신 장군의 혼과 얼이 깃든 현충사에 들러 참배한 후 경건한 마음으로 습사에 임하는 것이 마땅하다. 이는 단순한 의례가 아닌, 일시천금一矢千金의 정신을 되새기며 활을 내는 데 깊은 의미를 느끼는 시간이 된다.

현충사 경내에는 충무공이 청년 시절 활을 수련하

였다는 총 1관의 활터가 자리하고 있으며, 그 곁에는 장군께서 유년 시절 직접 심었다는 600년 가까이 된 은행나무가 여전히 그 숨결을 함께하고 있다. 충무공의 위대한 군사적 업적과 전략적 식견, 혜안을 떠올리노라면, 절로 숙연한 마음이 든다.

이곳을 탐방습사하기로 계획했다면, 현충사를 먼저 참배한 후 아산정 활터에서 습사할 것을 권하고 싶다. 이 곳 현충사는 아산시에서 무료 개방하여 운영하고 있다.

습사를 마친 후에는 활터 인근에서 한옥 분위기를 느끼며 맛볼 수 있는 장어구이 요리가 일품이다. 시간이 허락한다면 인근 공세리 성당을 방문하여 아름다운 성당 건축 양식을 감상하는 것도 추천할 만하다.

더불어, 활터 주변에 펼쳐진 아산만 풍경의 자연 경관은 한량들에게 호연지기를 더해주는 아름다운 활터 탐방의 기억을 선사할 것이다.

망객정 활터

 망객정 활터는 당진군 신평면에 위치한 신축 건물의 총 4관 남향 활터로, 활을 내기에 여건이 좋은 곳이다. 활터 주변에는 망객산과 파나시아 골프클럽이 자리하고 있다.

 당진시에는 이 외에도 송악읍 국수정 활터와 남산공원길에 위치한 학유정 활터가 있다. 세 곳 모두 서해안 인근에 위치한 활터이므로, 당진시 활터 탐방을 계획한다면 세 곳을 모두 둘러보며 습사하는 것을 권하고 싶다.

 탐방습사를 마친 후에는 당진 전통시장을 찾아 간단히 요기를 할 수도 있고, 곰표 밀가루만을 고집하여 만든 칼국수 요리와 전문 오리고기 요리를 맛볼 수 있다. 또한, 서해 특산어종인 간자미회 요리는 제철에 즐길 수 있는 별미다.

볼거리 또한 다양하다. 조선 시대에 조성된 당진 읍성곽을 거닐며 서해 낙조를 감상하는 것은 탐방의 추억으로 오래 남을 것이다. 시간이 허락된다면, 면천읍성 투어를 비롯하여 순교미술관이 있는 신리성지, 소나무 군락지도 둘러볼 만하다. 특히, 김대건 신부의 생가와 기념관이 있는 솔뫼성지는 역사의 숨결을 느낄 수 있는 뜻깊은 장소이니, 한량이라면 가벼운 발걸음으로 찾아가 그 의미를 되새겨 보는 것도 좋을 것이다.

서령정 활터

서산시에는 갈산동에 위치한 서령정 활터를 비롯하여, 해미면에 자리한 용성정과 지성정 활터까지 총 세 곳의 활터가 있다.

그중 서령정 활터는 서산 종합운동장 인근에 자리한 총 4관의 서북향 활터로, 접근성이 뛰어나다. 약간 내륙에 자리하긴 하나 해미면의 두 활터 또한 탐방습사를 추천한다.

해미는 서해안 고속도로가 지나며 교통이 편리할 뿐만 아니라, 습사를 마친 후 조선 시대에 축성된 해미읍성을 둘러볼 수도 있다. 이곳 해미읍성은 단순한 성곽이 아니라, 김대건 신부께서 처형된 곳이기도 하다. 또한, 프란치스코 교황이 방한했을 때 참배한 장소로도 알려져 있다. 인근에는 전직 대통령이 다녀간 설렁탕 맛집도 있어, 탐방 후 들러볼 만하다.

서산은 서해안 간척지로 이루어진 지역으로, 자연이 선사하는 절경 또한 빼어나다. 서산 버드랜드에서는 천수만을 따라 세계적인 철새 도래지를 감상할 수 있으며, 낙조의 성지라 불리는 간월암은 서해의 일몰을 감상하기에 더없이 좋다.

또한, 백제 시대에 창건된 개심사는 서산을 대표하는 전통 사찰로, 유서 깊은 불교문화를 느낄 수 있는 곳이다. 국보 제84호로 지정된 마애여래삼존불상을 직접 관람할 수 있어 더욱 뜻깊다.

서산 한우 목장도 볼거리이며 서산 동부 전통시장에서는 싱싱한 해산물과 다양한 농산물 먹거리를 즐길 수 있다.

소성정 활터

 태안군 태안읍 중앙로에 자리한 소성정 활터는 태안의 유일한 활터로, 태안 종합운동장 내 현대식 건물로 지어진 총 4관의 동남향 활터이다. 주차 시설과 편의시설이 잘 갖추어져 있으며, 접근성이 편리하여 습사하기에 좋은 조건이다.

 태안군은 서해의 자연경관과 문화가 조화를 이루는 멋진 곳이다. 특히, 태안은 어리굴젓과 새우로 유명하며, 꽃과 자연을 즐길 수 있는 아름다운 정원, 플라워파크는 태안을 찾은 이들에게 힐링의 시간을 선사할 것이다.

 특히 조선 시대에 창건된 유서 깊은 사찰, 서광사 역시 둘러볼 만하다. 서광사는 태안군 부춘산 옥녀봉 아래에 자리 잡고 있으며, 여래탑과 석가여래 보궁 등 여러 문화재를 소장한 유서 깊은 전통 사찰이다.

홍무정 활터

홍성군에는 홍성읍 홍무정 활터와 광천읍 광무정 활터 두 곳이 있다.

홍무정 활터는 장애인 스포츠센터와 홍주 종합경기장 내에 위치한 총 4관의 북향 활터로, 현대식 건물로 지어져 주차 환경과 접근성이 뛰어나며 편의시설 또한 잘 갖추어져 있다. 광천읍 광무정 활터 역시 총 4관의 동남향 활터로, 광천생활체육공원 내에 자리하여 습사하기에 좋은 조건이다. 홍성에서의 활터 탐방 습사는 이 두 곳을 모두 돌아보는 것을 권한다.

탐방습사를 마친 후에는 홍성 전통시장을 들러보는 것을 추천한다. 이 시장은 1943년 개장한 이래, 1일, 6일에 열리는 전통 5일장이다. 홍성의 대표 먹거리로는 한우가 손꼽히며, 활석 암반 토굴에서 숙성된 새우젓갈 또한 그 맛이 일품이다. 또한, 홍성에서 생산되는 대하와 새조개는 감칠맛이 뛰어나며, 광천 재래김은 전국에서도 으뜸으로 평가받는다.

시간적 여유가 있다면, 남당항과 죽도를 둘러보며 서해의 정취를 느껴보는 것도 좋다. 더불어, 제2의 금강산이라 불리는 용봉산 자연휴양림은 빼어난 경치를 자랑하는 곳으로, 활터 탐방 후 들러보기에 적합한 명소이다.

보령정 활터

보령시 남포면 보령남로, 보령 종합경기장 내에 자리한 보령정 활터는 총 4관의 동향의 활터로, 현대식 건물로 지어져 있다. 주차 및 편의시설이 잘 갖추어져 접근성이 양호하며, 습사하기에 매우 편리하다.

탐방 습사를 마친 후에는, 통일신라 말 최치원 선생께서 여행 중 시를 새겨 놓았다는 보리섬도 들러볼 만하다. 현재는 간척 사업으로 육지화되었으나, 여전히 자연경관이 빼어난 것으로 손꼽힌다.

보령은 유서 깊은 고장이기도 하니, 이곳에서는 1901년 설립된 오천향교와, 조선 시대에 건립된 남포향교를 둘러보며 지역의 깊은 역사를 느낄 수 있다. 과거 남포 지역과 대천을 이어주던 대천 한내 돌다리와, 통일신라 시대에 세워진 성주사지 또한 유명하다. 보령에서의 먹거리로는 해산물 요리가 으뜸이며, 특히 미역국의 깊은 맛이 일품이다.

서천정 활터

 서천군 마서면 서천 종합운동장내에 위치한 서천정 활터는 서천군의 유일한 활터로 총 4관의 남향이다. 충남 지역 서해안 활터의 최남단으로 호남 지역과 인접한 활터이다.

 탐방 습사를 마친 후에는 쭈꾸미 요리와 해물 칼국수가 한량들의 입맛을 당길 터이니, 서천의 바다 내음을 느끼며 식사하는 것도 좋은 여정이 될 것이다. 또한, 서천 전통시장을 둘러보며 지역의 정취를 만끽하는 것도 권한다.

 특히, 1500년 가까이 전통의 맥을 이어온 한산모시마을과 은은한 향과 깊은 맛을 자랑하는 전통주 한산소곡주가 유명하니, 반드시 둘러볼 만한 필수 코스라 하겠다.

한편 마량리 동백나무숲은 계절에 따라 절경을 선사하며, 금강 하구둑 철새 도래지에서는 자연이 빚어낸 장관을 감상할 수 있다. 또한, 신성리 갈대밭을 거닐며 바람 소리에 귀 기울이고, 춘장대 해수욕장의 모래사장에서 황홀한 서해 낙조를 감상하는 것도 추천한다.

진남정 활터

 전북 군산시 개정면에 자리한 진남정 활터는 호남 7정 가운데 하나로, 호남 지역 서해안 탐방 습사의 첫 관문이다. 총 3관의 남향 활터로, 최호 장군 유적지 인근에 위치한 군산의 유서 깊은 활터이자 이 지역에서 유일한 활터이기도 하다.

 습사를 마친 후의 식사는 기호에 따라 다르겠으나, 필자는 굴비 정식을 추천한다. 정갈한 반찬과 한식 요리가 조화롭게 차려지며, 가성비 또한 훌륭하여 한량들에게도 적합한 식사라 하겠다. 항구도시 군산에서 신선한 해산물 요리를 맛보고자 한다면 새만금 일대를 찾아보는 것도 좋은 선택이 될 것이다.

 군산은 과거의 흔적이 곳곳에 남아 있는 도시로, 볼거리 또한 다채롭다. 신흥동에 보존된 일본식 가옥과 일본식 사찰 동국사는 군산의 역사를 고스란히 담고 있으며, 영화 '8월의 크리스마스' 촬영지로 유명한 초원사진관은 마치 영화 세트장처럼 아기자기하여 걸으며 둘러보기에 적합한 곳이다.

시간적 여유가 있다면, 아름다운 호수와 산책로가 어우러진 은파호수공원을 방문해보는 것도 좋다. 더불어, 일제강점기의 흔적을 보다 깊이 살펴보려면 경암동 철길마을을 찾아보는 것도 의미가 있으며, 6·25 한국전쟁 당시 피난민 마을로 불리는 말랭이 마을 또한 한 번쯤 발걸음을 옮겨볼 만하다.

건덕정 활터

익산시에는 두 개의 유서 깊은 활터가 자리하고 있다. 하나는 황등면에 위치한 건덕정 활터, 다른 하나는 현영동에 위치한 송백정 활터이다. 두 곳 모두 총 4관의 활터이며, 건덕정 활터는 서북향, 송백정 활터는 동향이다. 특히 송백정 활터는 호남 7정 중 하나로 손꼽히며, 건덕정 활터 역시 그 명성에 뒤지지 않는다.

익산에서 탐방 습사를 계획한다면, 두 활터를 모두 돌아보는 것을 권하는 바이다. 건덕정 활터는 1834년부터 그 명맥을 이어오다가, 폐정과 복원을 거듭한 끝에 2017년 현대식 활터로 자리 잡은 곳이다. 이곳 또한 호남 7정 중 하나로, 유서 깊은 활터로 이름 높다.

건덕정 활터 주변에는 다양한 먹거리가 즐비하지만, 필자는 습사 후 요깃거리로 돼지고기 요리를 추천하고자 한다. 이 지역에서는 유독 돼지고기 요리가 맛이 깊어, 한 번쯤 들러볼 만하다.

  또한 탐방 습사 후, 황등산을 둘러보는 것도 의미 있는 여정이 될 것이다. 예전 건덕정 활터가 있었던 자리에는 현재의 황등중학교가 들어선 것이라고 하니, 잠시 들러 선배 접장님들의 얼을 되새겨보는 것도 뜻깊은 일이다. 더불어, 조선 시대에 창건된 성산사 사찰을 참배하는 것도 권한다.

홍심정 활터

 김제시에는 두 개의 활터가 자리하고 있다. 그중에서도 대표적인 활터는 홍심정 활터로, 성산길에 위치한 총 3관의 남향 활터이며, 호남 7정 중 하나로 손꼽힌다.

 홍심정 활터는 그 역사와 맞물려, 주변에 문화예술회관, 성산공원, 벽성서원, 지성서원, 김제향교, 성산재 등이 자리하고 있어, 김제의 역사와 문화를 품고 있다. 1789년 천흥정이라는 이름으로 개정되었다가, 1826년부터 홍심정으로 개명하여 오늘날까지 국궁의 맥을 이어온 유서 깊은 활터이다.

 특히, 사안과 홍심정, 관덕정의 편사 기록지가 담긴 '시지'가 전라북도 역사문화재에 등록될 정도로 홍심정 활터에서의 탐방 습사는 한량으로서 자부심을 느낄 수 있는 여정이자, 호남 국궁의 혼을 직접 체험할 수 있는 소중한 기회라 하겠다.

더욱이, 요즘 홍심정 사우들 사이에서 수리부엉이에 대한 애정이 각별하다고 하니, 활을 쏘는 즐거움과 함께 예향藝鄕의 멋까지 느낄 수 있는 활터이다. 시간이 허락된다면 다시 한 번 찾아 깊이 있는 탐방 습사를 해보고 싶은 곳이기도 하다.

금만정 활터 역시 김제 레포츠공원 내에 위치한 최신식의 총 5관 동향 활터로, 주차 공간과 편의시설이 잘 갖추어져 있어 습사하기에 좋은 활터이다. 두 활터를 모두 찾아 탐방습사의 보람을 느껴볼 것을 권한다.

습사를 마친 후에는 시원한 물냉면 한 그릇을 맛본 뒤, 조선 시대에 창건된 금산사와 망해사를 찾아 그 정취 속에서 힐링하는 것도 좋을 듯하다.

또한, 우리나라에서 가장 오래된 저수지인 김제 벽골제를 둘러보며, 김제 곡창지대의 풍요로움을 느껴보는 것도 뜻깊은 여정이 될 것이다. 이어서 서해 낙조를 조망할 수 있는 만경낙조 전망대에 올라 황금빛으로 물드는 하늘을 바라보면, 그 장엄한 풍경에 한량의 마음도 저절로 설레게 될 터이다.

심고정 활터

 부안군 부안읍, 스포츠파크 공원 내에 자리한 심고정 활터는 총 4관의 동향 활터로, 호남 7정 중 하나로 꼽히는 유서 깊은 활터이다.

 이 활터는 조선 후기인 1807년에 '향사당鄕射堂'이라는 이름으로 세워져 무사들을 양성하던 곳이었다. 그러나 시대의 변화 속에서 폐정과 이전을 여러 차례 거듭한 끝에, 2012년 지금의 위치로 이전하여 최신 시설을 갖춘 국궁장으로 다시 태어난 유서 깊은 활터이다.

 심고정 사우들의 자부심 또한 대단하다. 활터에 흐르는 전통과 더불어, 사우들의 습사 예절 또한 몸에 밴 듯 자연스러워 활터에 서 있는 것만으로도 고풍스러운 기풍이 느껴진다. 이곳 사우들이 전국 대회에서 자주 입상하는 것도 단순한 실력뿐만 아니라 그 뿌리

깊은 역사와 전통과도 연관이 있다 하겠다.

습사를 마친 후, 필자는 이곳에서 뽕잎을 넣어 지은 건강식 바지락죽을 맛보았던 기억이 생생하다. 특이하면서도 담백한 맛이 일품이라 탐방 습사를 마친 한량들이라면 한 번쯤 맛볼 것을 권한다.

또한, 조선 시대에 창건된 내소사來蘇寺와 개암사開巖寺를 찾아 그 고즈넉한 사찰 분위기를 느껴보는 것도 추천한다. 사찰의 평온한 기운 속에서 심신을 정화하는 시간이 될 것이다.

시간적 여유가 있다면, 줄포만 갯벌 생태공원을 찾아 서해안 특유의 자연 생태를 체험해보는 것도 뜻깊은 여정이 될 것이다.

필야정 활터

정읍시 상평동 국민체육센터에 위치한 필야정은 총 4관의 동남향 활터로, 호남 7정 중 하나로 손꼽히는 유서 깊은 활터이다. 이곳은 측바람이 잦아 습사 시 바람을 고려해야 한다.

정읍에는 또 하나의 유서 깊은 활터가 있으니, 바로 태인면에 위치한 함백정 활터이다. 총 3관의 동·남향으로 이곳 역시 역사성과 전통을 간직한 활터이므로, 두 곳을 모두 습사해보는 것을 권한다. 정읍은 내장산 국립공원의 단풍이 너무나 유명한 절경을 이루는 곳이니, 가을철 탐방 습사가 특히나 좋다.

습사를 마친 후에는, 전통 쌍화차 거리에서 다양한 차 문화를 경험해보는 것을 추천한다. 이후에는 유네스코 세계문화유산으로 등재된 무성서원을 찾아 조선시대의 고즈넉한 정취에서 선비와 학문의 정신을 느껴볼 수 있다.

　더불어, 정읍에는 동학농민혁명 기념공원이 조성되어 있어, 농민혁명의 역사적 의미를 직접 체험할 수 있는 장소이기도 하다.

선운정 활터

고창군에는 신림면에 위치한 선운정 활터를 비롯하여, 총 4개의 활터가 서해안을 따라 자리하고 있다.

그중에서도 총 2관 남서향으로 운영되는 선운정 활터를 첫 번째로 소개하는 이유는 이 활터가 2019년, 초대 여성 사두의 열정으로 창정된 활터이기 때문이다. 선운정 활터 탐방 습사는 우리나라 여무사들의 기개와 국궁에 대한 열정을 직접 느껴볼 수 있는 탐방 습사 활터가 될 것이므로 반드시 방문해보길 권한다.

비록 창정의 역사는 짧으나, 선운정 활터는 국궁의 새로운 희망을 보여주는 운치 있고 소담한 활터이다.

모양정 활터

고창읍 고창 공설운동장 내에 자리한 모양정 활터는 현대화된 시설을 갖추었으며, 고창군 내에서 가장 큰 규모를 자랑하는 총 4관의 북향 활터이다. 주차 시설과 편의성이 뛰어나 접근성이 매우 좋아 습사하기에 최적의 환경이다.

모양정 활터의 역사는 깊다. 1956년, 모양성 내에 활터를 운영하였으나, 그 자리에 고창여고가 개교하면서 폐정되었다가 2002년 공설운동장이 조성되며 다시 자리를 잡았다.

이곳은 단순한 활터가 아닌, 고창 궁도를 대표하는 중심 활터로, 전국 남·녀 궁도대회를 개최하며 명실공히 고창 궁도의 중추적 역할을 담당하고 있는 곳이라 하겠다.

초파정 활터

해리면 서해안 해변에 자리한 총 3관의 동남향 활터로, 바다의 정취를 품은 운치 있는 활터이다.

이 활터는 1983년, 과녁 1관으로 시작하여 1986년과 1989년 두 차례의 이전을 거듭한 끝에 1991년 현재의 위치에 자리 잡고 국궁의 명맥을 이어오고 있는 곳이다.

비록 규모는 크지 않으나 가족적인 분위기가 돋보이는 활터로, 사원 대부분이 유단자일 정도로 궁력과 실력을 두루 갖추고 있다. 활터를 찾는 이들은 유단자 사우들의 활 시범을 접하며 국궁의 깊은 묘미를 느낄 수 있을 것이다.

장사정 활터

상하면에 자리한 이 활터는 용대 저수지와 상하 버스터미널, 그리고 서해안 인근에 위치한 총 3관의 남서향 활터이다. 이 활터는 2008년 초에 개정되었으며, 고창 구시포 해수욕장 인근 사우들이 주로 활을 내며 궁력을 연마하는 정감 어린 운치를 지닌 곳이다.

서해안을 따라 이어지는 탐방 습사 중, 고창 지역의 활터들은 저마다 깊은 이야기를 품고 있어 더욱 흥미롭다. 그러하니, 일정을 여유롭게 잡아 여름철 네 곳의 활터를 두루 탐방하고 습사하는 것을 권하고 싶다.

또한, 고창의 별미인 복분자와 민물 장어구이를 맛보며 원기를 회복한 후, 구시포 해수욕장의 울창한 송림을 거닐고 넓은 백사장에서 가족과 함께 습사하는 경험도 이곳에서만 즐길 수 있는 특별한 여정이 될 것이다.

사계절 내내 아름답고 고즈넉한 선운사禪雲寺의 동백꽃이 만개하는 장관을 감상하는 것 역시 이곳에서만 느낄 수 있는 특별한 순간이다.

더불어, 고창을 깊이 이해하고자 한다면, 조선 단종 원년 1453년에 축성된 고창읍성을 둘러보는 것도 의미 있는 여정이 될 터이다.

육일정 활터

　전남 영광군 영광읍, 영광 공설운동장 입구에 자리한 활터로, 총 4관의 서향 활터이다. 이곳은 촉바람이 주로 불지만, 간혹 오늬바람이 번갈아 부는 특징이 있다.

　주차 시설을 비롯하여 편의시설이 잘 갖추어져 있어 탐방 습사를 나선 한량들에게 접근성이 뛰어나다. 영광군에는 봉대정과 인의정 활터를 포함하여 총 세 곳의 운치 있는 활터가 서해안을 따라 자리하고 있으며, 그중에서도 육일정 활터가 가장 오랜 역사를 자랑한다.

　육일정 활터는 1877년(고종 14년), '선하정'이라는 이름으로 창정되었으나 1910년 일제강점기 때 폐정되는 아픔을 겪었다. 이후, 1985년에 다시 개정되며 국궁의 명맥을 잇게 되었으며 수많은 역사적 변화를 견

디며 오늘날까지 이어져 온 영광군의 대표 활터라 할 수 있다.

봉대정 활터

홍농읍 한빛 원자력 본부 사택 내에 자리한 이 활터는 총 3관으로 운영된다. 다만, 일반인에게는 습사가 제한되는 곳이라 필자도 탐방 습사를 하지 못한 곳이다.

다만, 영광군 관내에 공식적으로 등재된 활터이기에, 봉대정을 소개하는 의미에서 이곳을 기록한다. 이 활터에서 습사를 하려면 사전에 활터에 연락한 후, 봉대정 소속 사우의 안내를 받아야 가능하다고 한다.

사전 준비 없이 탐방 습사를 갔다가 발길을 돌리는 것만큼 아쉬운 것이 없기에, 이곳을 찾으려는 한량이라면 반드시 사전에 조율하고 방문할 것을 권하는 바이다.

현재 영광군에서는 육일정 활터만이 자유로운 탐방

습사가 가능한 활터이니, 이 점을 염두에 두고 탐방 일정을 계획하기를 바란다.

인의정 활터

법성면 법성포 서해 바다 인근에 자리한 이 활터는, 임진왜란 때부터 활쏘기 무예를 연마하던 활터로, 유서 깊은 빼어난 경관으로 유명한 곳이다.

총 3관으로 운영되던 서해안 인근의 가족적인 분위기의 활터였으나, 무형문화재 발굴 사업의 일환으로 법성포 단오제 전수관 건립이 추진되며 아쉽게도 활터 일부가 수용되었다. 이로 인해 현재는 탐방 습사가 불가능한 휴정 상태에 있으며 약 20명의 이곳 사우들 또한 육일정에서 습사하며 궁력을 다지는 실정이다.

필자 또한 이곳에서 습사를 하지 못한 아쉬움을 남긴 채 육일정 탐방 습사를 마무리하였으나 지자체와 원만한 협상이 이루어져 사두님과 사원들의 소망대로 총 4관의 최신 활터가 건립되고 탐방 습사를 맞이하는 날이 오기를 기대하며, 그때 다시 법성포를 찾을 계획이다.

  육일정 탐방 습사를 마친 후에는 법성포에서 유명한 보리굴비를 맛보고 백제 시대에 법성포를 통해 불교가 전래되었다는 간다라 유물관을 방문하는 것도 뜻깊은 여정이 될 것이다. 또한, 보물로 지정된 대웅전과 목조 석가여래 삼불좌상 등 조선 중기 양식을 그대로 간직한 불갑사佛甲寺 전통 사찰을 관람하는 것도 추천한다.

관덕정 활터

함평군 대동면, 함평 공설운동장 내 함평문화체육센터에 자리한 활터로, 신축 건물로 지어진 총 4관의 남향 활터이다. 이곳은 오늬바람이 주로 부는 곳이다.

관덕정觀德亭이란 '덕德을 관觀하며 활을 쏘는 곳'이라는 뜻을 지니고 있으며 함평군 내 유일한 활터이기도 하다. 활터 주변으로는 주차 시설을 포함하여 편의시설이 잘 갖추어져 있어 접근성이 좋으며 탐방 습사에 매우 적합하다.

함평은 참외로 유명한 고장으로, 특히 참외전과 참외로 만든 참외죽은 그 맛이 일품이다. 습사를 마친 후에는 함평 육회 비빔밥과 낙지 비빔밥으로 요기를 한 후, 함평 읍성과 해변을 따라 걸으면서 정취를 즐기며 힐링하는 것도 권한다.

특히, 4월 말에서 5월 초에 열리는 '함평 나비·곤충축제' 기간에 맞추어 습사 탐방을 계획하여, 가족과 함께하는 여정을 만들어보는 것도 뜻깊은 경험이 될 것이다.

인덕정 활터

 나주시 남산길, 나주시민회관과 운동장이 자리한 남산 주변에 위치한 활터로, 총 3관의 남향 활터이다. 나주시에는 청량정과 인덕정 두 곳의 활터가 있는데, 영산강변에서 저녁노을을 바라보며 습사할 수 있는 경관이 빼어난 활터이다. 인덕정 활터는 주차장과 편의시설이 완비되어 있어 접근성이 뛰어나며 탐방 습사에 불편함이 없다.

 주민들이 가을 걷이를 하는 밭을 지나 감이 노랗게 익어가는 감나무 밭길의 연전길은 인덕정을 더욱 정감 있게 느껴지게 한다.

 인덕정은 1583년, 나주읍성 안쪽에 처음 세워졌으며, 그 후 다섯 차례의 이전과 폐정을 거듭한 끝에 1935년부터 현재의 자리를 지켜오고 있는 유서 깊은 활터이다. 오랜 전통과 사풍射風을 굳건히 유지하며 한량들의 손끝에서 국궁의 맥을 이어가는 곳이다.

청량정 활터

나주시 영산강변로, 다목적 체육시설과 함께 자리한 활터로, 총 4관 서향이다. 신축 건물로 지어진 이곳은 오늬바람이 주로 분다.

이곳 역시 영산강의 시원한 바람이 탐방 습사를 나선 한량들을 가끔 어리둥절하게 만들지만, 그 또한 국궁의 또 다른 매력이라 하겠다. 접근성이 뛰어나고, 편의시설 또한 잘 갖추어져 있어 습사하기에 매우 좋은 활터로 손꼽힌다.

습사를 마친 후에는 영산강변에서 홍어와 막걸리 한 잔을 곁들이자면 호남의 깊은 맛을 다 느끼고 온 듯하다.

시간적 여유가 있다면 나주읍성공원과 조선 시대에 축조된 나주성을 둘러보며 역사 속을 거닐어 보는 것도 뜻깊은 일이다. 더불어, 월출산 천왕사天王寺와 나주 시내에 위치한 천년고찰 성산사聖山寺를 방문하여 사찰의 고즈넉한 정취를 느껴보는 것도 여유로운 한량들에게 권하는 여정이다.

숭덕정 활터

무안군 무안읍, 국립 농산물 품질관리원 인근에 자리한 활터로, 총 3관 북향 활터이다. 이곳은 인근 성동저수지에서 불어오는 바람이 촉바람과 오늬바람을 동시에 품고 있다.

무안에는 이 활터 외에도 공항 인근에 위치한 청마정 활터가 있어, 시간적 여유가 된다면 두 곳 모두를 탐방하여 습사하기를 권한다.

무안은 싱싱한 낙지 요리로 유명한 고장이며, 또한 황토에서 자라 더욱 깊은 맛을 내는 양파와 고구마 또한 유명하다.

활터 탐방을 마친 후에는, 아름다운 연꽃으로 유명한 화산 백련지를 거닐고 무안 황토 갯벌 체험을 하며 자연의 생명력을 직접 체험해 보는 것도 흥미로운 경험이라 하겠다.

 또한, 초의선사草衣禪師 유적지, 송계 어촌마을, 톱머리 해수욕장의 서해 낙조 관망은 무안에서의 탐방을 더욱 뜻깊게 마무리할 수 있는 순간이 될 것이다.

열무정 활터

열무정 활터는 영암군 유일의 활터로, 총 4관의 북향이며, 촉바람이 주로 분다. 이 활터는 종합운동장 우측에 자리한 활터로서 1535년 창정된 이래, 여러 차례의 이전과 폐정을 거듭하다가, 2011년 현재의 위치에서 현대식 사정으로 새롭게 자리 잡은 유서 깊은 활터이다. 500년 가까운 역사를 지닌 호남 지역의 대표적인 전통 활터이다.

활터 한쪽에는 200년 가까운 세월을 품은 팽나무가 자리하고 있어, 활터를 지켜주는 수호목처럼 느껴진다. 무더운 날, 이 팽나무가 드리우는 넉넉한 그늘 아래에서 쉬어가노라면, 마치 활터의 오랜 역사 속에 녹아드는 듯한 기분이 들 것이다.

열무정의 오랜 역사를 증명해주는 시지矢紙를 비롯하여, 활터의 많은 기록물들이 전남도청에 문화재로 등록되어 있다. 아울러 열무정은 전남 서남부 지역 9개 시·군, 10개 활터의 친목 궁도 대회를 1966년부터 15년간 개최했던 곳으로도 잘 알려져 있으며, 사우들의 자부심 또한 대단하다.

습사를 마친 후에는 영암 5일 전통시장과 상설시장이 활터 인근에 있어, 도보로 이동하며 다양한 먹거리를 즐길 수 있는 즐거움도 있다.

또한, 영암을 찾은 김에 월출산 국립공원의 빼어난 경관을 감상하고 천년고찰 천황사와 도갑사에서 고즈넉한 사찰의 정취를 음미해보는 것도 권한다. 도갑사에서는 템플스테이도 가능하며 왕인 박사 역사기념관을 찾아, 백제의 학문과 문화를 일본에 전파한 발자취를 따라가 보는 것도 의미 있을 것이다.

연무정 활터

 서해안 활터 탐방의 최남단, 마지막 활터는 전남 목포시 상동에 자리한 연무정 활터이다. 이 활터는 목포실내체육관과 파크골프장 옆에 위치한 총 4관의 북동향 활터로, 오늬바람이 주로 부는 곳이다.

 연무정 활터의 사대는 천정이 그 어느 정보다도 넓게 설계되어 있어, 사계절 내내 햇볕 걱정 없이 습사를 할 수 있는 편리한 구조를 갖추고 있다. 활터의 사정 또한 멋스러우며, 시설 또한 훌륭하다. 아쉽게도 목포에는 연무정이 유일한 활터이다.

 이곳에서 활을 낸 후 우측 연전길을 따라 바라보면, 열차가 지나는 기찻길이 펼쳐져 있어 독특한 운치를 자아내는 곳이기도 하다. 바람과 함께 기차의 움직임을 배경으로 활을 쏘는 경험은 한량들에게 또 다른 감흥을 선사할 것이다.

습사를 마친 후에는, 목포항 회센터를 찾아 신선한 해산물을 다양하게 맛보는 것을 권한다. 목포 역사박물관과 해양박물관을 들러 이 지역의 유구한 역사와 바다의 정취를 함께 느껴보는 것도 탐방의 의미를 더해줄 것이다.

좀 더 시간적 여유가 있다면, 목포의 명산 유달산 儒達山에 올라, 목포 앞바다의 장엄한 전경을 감상하며 서해안 탐방 습사의 여정을 마무리하는 것을 추천한다.

넷째 순巡. 서해안 따라 활터 탐방

다섯째 순巡

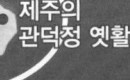

한라정 ← 제주읜 관덕정 옛활터

다섯째 순巡

제주도 활터 탐방

다섯째 순巡

제주도 활터 탐방

    제주는 아름다운 자연경관과 독특한 지역문화로 널리 알려진 곳이다. 제주의 활터들은 해안 절경과 한라산의 웅장함을 배경으로 삼아, 탐방하는 이들에게 특별한 경험을 선사한다. 제주도에서 활터 탐방 습사를 즐기면, 활쏘기의 매력을 만끽하는 동시에, 제주만의 독특한 풍경과 음식을 함께 즐길 수 있어 더욱 뜻깊다.

    제주에는 김녕사 동굴이 자리하고 있는데, 이는 선

사시대의 유적으로, 태고의 신비를 간직한 곳이다. 또한, 고려 시대에 조성된 향림사는 그 이름처럼 향기로운 숲길과 함께 조용하고 평화로운 분위기를 연출하는 곳으로, 한량들이 마음을 가다듬기에 더없이 좋은 장소이다. 조선 시대에 축조된 성읍성은 제주도의 역사를 온전히 체험할 수 있는 곳이다.

제주도의 활터들은 전통 활쏘기 문화를 계승하면서도, 각기 다른 자연 경관과 지역색을 품고 있다. 제주에는 현대화된 활터가 총 여섯 곳 자리하고 있으며, 활터마다 주변의 독특한 풍경과 제주의 대표적인 먹거리를 자랑한다.

특히, 매년 3월 중순경 전국대회가 제주에서 가장 먼저 개최되니, 이는 남국의 봄소식과 함께 전국의 궁사들이 모여 겨우내 갈고닦은 실력을 뽐내는 첫 무대가 되는 셈이다. 활을 내는 소리와 함께, 새로운 한 해의 활쏘기가 시작되는 서막의 종이 울리는 곳이 바로 제주의 활터이다.

V. Touring Hwalteo in Jeju Island

Jeju is widely known for its stunning natural landscapes and unique local culture. The *Hwalteo* on this island offer visitors a truly special experience, set against the breathtaking coastal scenery and the majestic backdrop of **Hallasan**. Exploring *Hwalteo* in Jeju allows visitors to fully immerse themselves in the art of archery while also enjoying the island's distinctive landscapes and cuisine, making the experience all the more meaningful.

Jeju is also home to **Gimnyeongsa Cave**, a prehistoric site that holds the mysteries of ancient times. Additionally, **Hyangrimsa Temple**, built during the Goryeo Dynasty, lives up to its name with fragrant forest trails that create a tranquil and peaceful atmosphere—an ideal place for *Hanryang* to reflect and compose their thoughts. The **Seongeup Fortress**, constructed during the Joseon Dynasty, provides an opportunity to experience Jeju's rich history in its entirety.

While preserving the traditions of Korean archery, Jeju's *Hwalteo* each carry their own distinct natural surroundings and local character. The island is home to six modernized *Hwalteo*, each boasting its own unique scenic backdrop and offering a taste of Jeju's renowned local delicacies.

Notably, the first **national *Gukgung* competition of the year** is held in Jeju **every March**, marking the start of the season. As archers from all over the country gather to showcase the skills they have honed throughout the winter, Jeju's *Hwalteo* become the stage where the first arrows of the year are released—signaling the beginning of a new season of *Gukgung*.

국궁 속담 막순巡

활을 몸에 감고 잔다.

⇨ 근래에는 좋은 소재의 활들이 출시되지만, 예전에는 활에 먹인 민어 부레 풀이 체온에 가까운 온도로 데워져야 제 기능을 발휘할 수 있었다. 그리하여 외지에 활쏘러 간 한량은 활을 몸에 감고 그 위에 옷을 입은채 자면서 활점화를 넣었다고 한다.

활을 당기어 콧물을 씻는다.

⇨ 꼭 하고 싶었던 일이 있던 차에 좋은 핑계가 생겨 그 일을 그 기회에 함께 해 치운다는 말이다.

활이야 살이야

⇨ 활쏘기를 할 때 근처에 있지 말라고 소리치는 말로, 남을 큰 소리로 오래 꾸짖어 야단함을 이른다.

줌통 큰 명궁 없다.

⇨ 줌통이 크지 않고 잡기가 편해야 명궁이 될 수 있다는 말이다. 줌통이 너무 크면 쥘 때 처음부터 손가락에 힘이 크게 들어가 줌손의 손목과 팔뚝이 긴장하게 되어 활을 밀며 당길 때 유연한 동작을 낼 수 없다.

한라정 활터

 한라정 활터는 제주시 사라봉동길에 자리한 총 3관의 동향 활터로, 촉바람이 자주 부는 곳이다.

 이곳은 전국대회를 개최하는 활터로, 넉넉한 주차 공간을 갖추어 탐방 습사에 편리함을 더하는 곳이다. 또한, 우측 연전길에서는 해풍을, 좌측 연전길에서는 한라산의 아늑한 기운을 느낄 수 있는 독특한 환경을 지니고 있다.

 습사를 마친 후, 가까운 제주 전통 오일장을 찾는다면 제주 흑돼지 꼬치와 전복 김밥 같은 별미를 맛볼 수 있어 더욱 즐겁다.

 또한, 이곳은 제주 10경류 중 하나로 손꼽히는 사라봉 정상을 품고 있어, 활을 내고 난 후 산을 오르면 특별한 감흥이 깃든다. 정상에 올라 바라보는 일출과 낙조는 가슴을 울리는 장관이며 해맞이 공원에서의 여유로운 시간은 습사 후의 고요한 여운을 더욱 깊이 되새기게 만든다.

미리내정 활터

제주 미리내정은 제주시 노형동에 자리한 총 2관의 동향 활터로, 주변의 풍부한 먹거리와 함께 탐방 습사를 즐길 수 있는 곳이다.

이곳은 계곡 지형으로 인해 간혹 회오리성 바람이 불며, 주차 공간은 넉넉하여 편리하게 습사를 즐길 수 있는 곳이다. 이 활터를 처음 찾는 한량들은 활터가 H빔의 3층 구조로 축조되어 당황할 수도 있겠으나, 3층 사대에서 표를 바라보면 습사의 시간이 지날수록 편안함까지 맛볼 수 있다.

활터 인근에는 돌솥밥이 유명하여, 갓 지어낸 뜨끈한 돌솥밥 한 그릇이 습사 후 한량들의 속을 든든하게 채워준다. 또한, 노형동 맛집 거리와 연동의 자연산 횟집에서는 제주의 싱싱한 해산물을 맛볼 수 있으며, 제주 흑돼지 삼겹살과 갈치조림, 돔베고기 역시 이곳에서 빼놓을 수 없는 별미이다.

　활터에서 가까운 한라수목원은 제주의 다양한 식물을 감상하며 자연 속에서 사색을 즐기기에 좋은 곳이다. 또한, 제주 공룡랜드는 가족과 함께 시간을 보내기에도 적합한 공간이므로 탐방 습사를 마친 후 들러보는 것을 추천한다.

백록정 활터

　백록정 활터는 서귀포시 검은여로에 자리한 활터로, 푸른 바다를 배경으로 한 빼어난 경관을 자랑하는 곳이다. 총 3관의 남.동향 활터이며, 동쪽 바다에서 불어오는 바람이 강할 때는 한 개 관 정도의 바람을 의식하고 표를 봐야 하는 특성이 있다.

　특히, 백록정 활터는 4단의 궁력을 지닌 여무사께서 사두로 봉직하고 있어, 활터 운영이 깔끔하고 짜임새 있게 이루어지는 곳이다. 또한, 바다의 밀물과 썰물에 따라 달라지는 야간 습사는 그야말로 환상적이다.

　다만, 주차 공간이 협소하여 전국 대회를 유치하기 어려운 점은 아쉬움으로 남는다.

　습사를 마친 후에는 서귀포 매일 올레 상설전통시

장을 찾아 제주 특산 음식을 맛보는 것도 즐거움이 될 것이다. 오메기떡의 쫄깃한 식감과 갓 구운 갈치구이의 고소함, 진한 전복죽, 그리고 싱그러운 한라봉 주스 한 잔은 습사의 여운을 더욱 깊게 만들어준다.

맛집 탐방을 마친 후에는 이중섭 미술관을 들러 그의 작품을 감상하고 정방폭포의 웅장한 물줄기와 서귀포 해안도로를 따라 펼쳐지는 천혜의 절경을 누릴 것을 권하는 바이다.

천지정 활터

천지정 활터는 서귀포 중간서로 종합운동장 한켠에 자리한 현대화된 활터로, 총 3관의 동향 활터이며 촉바람이 잦은 곳이다.

이곳은 전국 규모의 궁도대회를 유치할 수 있을 만큼 주차시설과 편의시설이 잘 갖추어진 활터로, 탐방 습사 한량들에게 편리함을 제공한다.

천지정 활터는 서귀포 시내와 가까워 습사를 마친 후 제주의 특산 음식을 맛보기에 더없이 좋은 곳이다. 싱싱한 고등어회와 옥돔구이는 이곳에서 꼭 한 번 맛봐야 할 별미로, 제주의 바다 내음이 입안 가득 퍼지는 경험은 활을 내고 난 후의 즐거움을 배가시켜 준다.

천지연 폭포의 야경은 빼어난 볼거리 중 하나로, 은은한 조명 아래 떨어지는 폭포수를 감상하는 것은 그 자체로 힐링이 된다. 또한, 서귀포 치유의 숲에서 한적한 산책을 즐기며 몸과 마음을 다스리는 시간 역시 활터 탐방의 여운을 더욱 깊게 만들어주는 순간이 될 것이다.

삼다정 활터

삼다정 활터는 제주 남원읍 중산간 동로에 자리한 총 3관의 동.남향 활터로, 우측 바닷가에서 불어오는 바람이 거센 곳이다.

제주 해안도로와 인접하여 아름다운 경관을 자랑하는 활터로, 활을 내며 시원한 바닷바람을 맞이하는 특별한 경험을 선사한다.

삼다정 활터에서의 습사를 마친 후, 바닷가 인근 횟집에서 싱싱한 활어회와 전복뚝배기를 맛보는 것은 이곳을 찾는 한량들에게 주어진 특권이다. 제주의 신선한 해산물이 입맛을 돋우고 국물 한 술에 피로가 스르르 풀리는 감흥이 인다.

또한, 남원읍 해안 경승지를 따라 이어지는 제주 올레 5코스를 걷다 보면 기암괴석과 푸른 바다가 어우러진 절경이 환상적으로 펼쳐져 한 걸음 한 걸음마다 감탄을 자아낸다.

특히, 삼다정 활터의 소속 사원 대다수가 감귤 농장을 운영하고 있어 활을 내며 은은한 감귤 향에 취할 수 있다.

산방정 활터

이 활터는 서귀포시 안덕면에 자리하며 산방산을 배경으로 한 총 3관의 북향 활터로, 오늬 바람이 주로 이는 곳이다.

특히 주차 시설이 넉넉하여 습사하기에 편리한 활터로, 제주의 자연과 더불어 활을 내기에 좋은 환경이다.

습사를 마친 후에는 산방산과 용머리해안이 어우러진 절경을 감상하고 바다 내음을 맡으며 여행의 여운을 깊이 음미할 수 있다.

이곳의 제주 흑돼지구이와 갈치국은 미식가들이 즐겨찾는 별미로 손꼽힌다. 활을 내고 난 후, 푸짐한 갈치국 한 그릇으로 속을 따뜻하게 덥히거나 숯불 위에서 노릇하게 익어가는 흑돼지구이를 맛보는 것은 제주 탐방 습사에서 빼놓을 수 없는 즐거움이다.

최근 방문해 보니, 산방정 활터는 산방산 관리 주체와 임대계약이 만료되어 4관 규모로 확정 이전 하기로 결정되어 폐정되었다. 보통 제주도 활터는 2관, 3관 규모인데 4관으로 새롭게 태어난다니 명실공히 제주의 대표 활터가 되기를 기대해 본다.

제주의 관덕정 옛활터

제주시 삼도동에 자리한 이곳은 조선 시대 제주 목사가 병사 훈련을 위해 세운 활터로, 역사적 의미가 깊은 곳이다. 비록 지금은 사대와 과녁이 사라지고 활터의 흔적만 남아 있을 뿐이나, 그 자취를 따라가다 보면 한때 국궁이 이 땅에서 울려 퍼지던 시절의 숨결을 느낄 수 있다.

옛 관아에서 운영했던 활터를 돌아본 후, 인근 동문전통시장을 찾아 제주 특유의 미식을 즐겨보는 것도 권할 만하다. 흑돼지 고기국수의 깊은 국물 맛과 담백한 제주 어묵, 그리고 향긋한 한라산 볶음밥은 탐방 후 허기진 몸을 달래기에 부족함이 없는 별미다.

더불어 제주목 관아를 방문하여 제주 역사의 중심이었던 공간을 직접 둘러보고 성안길을 거닐며 전통과 현대가 어우러진 풍경을 즐겨보는 것은 의미 있는 여정이 될 것으로 생각이 된다.

부록, 하나
전국 활터 현황

부록 1. 전국 활터 현황

* 대한궁도협회 자료 및 필자 확인(2025년 2월 기준)

고유번호	사정명	주소	연락처
1	황학정	서울특별시 종로구 사직로9길 15-32	02-738-5785
2	공항정	서울특별시 강서구 우장산로 72(우장산공원내 궁도장)	02-2698-0507
3	살곶이정	서울특별시 성동구 용답동 241-10 (우편물 : 서울시 서초구 청계산로 7길 43, 509동 102호)	
4	석호정	서울특별시 중구 남산공원길 372(우편물 : 서울 강서구 염창동 271번지 1층 카페소금다방)	
5	영학정	서울특별시 양천구 안양천로 916(목1동, 영학정)	02-2646-7754
6	화랑정	서울특별시 노원구 화랑로 574, 육군사관학교 내	02-2197-5968
7	관악정	서울특별시 관악구 약수암길 43-3	02-887-7971
8	수락정	서울특별시 노원구 덕릉로145길 86	02-939-5154
9	사직정	부산광역시 연제구 체육공원로 43-70 사직정(궁도장)	051-506-2716
10	낙동정	부산광역시 사상구 삼락동 500의 1 삼락강변공원 내	051-301-2500
11	구덕정	부산광역시 서구 보수대로 320번길 59	051-255-0254
12	수영정	부산광역시 수영구 호암로29번지 가길 54-19	051-761-3269
13	관덕정	대구광역시 남구 앞산순환로 306	053-656-4664
14	덕무정	동구 해동로201 사서함 304-210호	
15	팔공정	대구광역시 수성구 동대구로 50길 121	053-752-6904
16	학산정	대구광역시 달서구 학산로 104-47(배수지내)	053-644-2164
17	무덕정	인천광역시 미추홀구 수봉로 95번길 32(수봉공원 내)	032-875-3921
18	서무정	인천광역시 서구 서곶로 468-19	032-561-0382
19	연무정	인천광역시 계양구 계산로 22번길 24, 고양골체육관 3층 연무정	032-543-2630

고유번호	사정명	주소	연락처
20	남호정	인천광역시 남동구 비류대로 762번길 172	032-446-6164
21	남수정	인천광역시 남동구 무네미로 238(인천 대공원 내)	032-465-2644
22	연수정	인천광역시 연수구 청능대로 205(연수체육공원내)	032-818-5644
23	청용정	인천광역시 계양구 다남로 165번길 71	032-513-1411
24	구월정	인천광역시 남동구 남동대로 533	032-469-0188
25	현무정	인천광역시 서구 검단로 487번길 59	032-563-5443
26	승기정	인천광역시 연수구 능허대로 484	032-814-5379
27	관덕정	광주광역시 남구 중앙로110번길36(사직공원 내)	062-671-8383
28	무등정	광주광역시 북구 운암동58-8(체육공원 내)	062-525-2617
29	송무정	광주광역시 광산구 금봉로 22-41(소촌동 산12-7)	062-941-0098
30	용진정	광주광역시 광산구 지산동539	
31	대덕정	대전광역시 서구 신갈마로 55-5(내동 월평공원내)	042-528-3876
32	무덕정	대전광역시 유성구 덕명로 56번길 89	042-825-1130
33	대동정	대전광역시 동구 세천로 29-77(활쏘는 곳)	042-273-5557
34	보문정	대전광역시 중구 뿌리공원로 79(뿌리공원내)	042-586-5556
35	회덕정	대전광역시 대덕구 산업로 93번길(지수체육공원내)	042-537-3877
36	주몽정	대전광역시 유성구 유성우체국 사서함 35	
37	고헌정	울산광역시 울주군 삼동면 대암둔기로 143	052-211-8150
38	공원정	울산광역시 남구 남부순환로 555	052-276-5550
39	무룡정	울산광역시 북구 창평동 725-5	052-298-5050
40	원학정	울산광역시 중구 성안동 1241-6	052-244-9360
41	청학정	울산광역시 동구 봉수로 29-2	052-233-3778

고유번호	사정명	주소	연락처
42	고려정	세종특별자치시 소정면 소정리 476-10	044-566-6140
43	관운정	세종특별자치시 전의면 매실로 78-22	044-863-2513
44	금덕정	세종특별자치시 금남면 성덕영곡길 33	044-866-9271
45	동운정	세종특별자치시 전동면 세종로 3310-51	044-862-8055
46	가평군 보납정	경기도 가평군 가평읍 문화로 131	031-582-3947
47	고양 덕양정	경기도 고양시 덕양구 행신로 72-19	031-972-8535
48	고양 비호정	경기도 고양시 덕양구 마상로 75번길 12-13	031-964-5868
49	고양 송학정	경기도 고양시 일산동구 통일로 1267번길 144-46	031-977-0870
50	고양 송호정	경기도 고양시 일산서구 덕이로 104-25	031-914-2112
51	과천 율목정	경기도 과천시 곱슬머리길 57	02-3678-4989
52	광명 운학정	경기도 광명시 가림로 59 하안배수지내 시립궁도장	02-898-9931
53	광주 광주정	경기도 광주시 중부면 하번천리 18-1(도시관리공사내)	
54	구리시 온달정	경기도 구리시 아차산로 345-45(백교배수지내)	031-550-2311
55	군포 군포정	경기도 군포시 송부로 12번길	031-415-0412
56	군포 수리정	경기도 군포시 속달로 272-1(매쟁이골 궁도장)	
57	김포 금능정	경기도 김포시 걸포로 76	031-982-0257
58	김포 대호정	경기도 김포시 대곶면 율생리 종생로 136번길 194	031-997-6249
59	김포 분양정	경기도 김포시 양촌읍 양곡4로 151-31	031-989-7191

고유번호	사정명	주소	연락처
60	김포 태산정	경기도 김포시 하성면 하성로 585	031-988-4050
61	남양주 무림정	경기도 남양주시 진전읍 금강로 1190번길 18-141	031-527-9411
62	동두천 동호정 (폐정)	경기도동두천시 동두천동 산 17-7	031-862-1501
63	부천 부천정	경기도 부천시 원미구 소사로 482(종합운동장내)	
64	부천 성무정	경기도 부천시 성무로43(국궁장)	032-662-7755
65	성남 분당정	경기도 성남시 분당구 만세길 36	031-701-1911
66	성남 한백정	성남시 분당구 분당우체국 사서함 35호	031-734-2642
67	수원 연무정	경기도 수원시 영통구 에듀타운로 43	031-253-9300
70	시흥 소래정	경기도 시흥시 방산동 산104-1	031-313-3006
71	시흥 시흥정	경기도 시흥시 서해안로 277(옥구공원내)	031-498-6888
72	시흥시 양지정	경기도 시흥시 수인로 3106번길 76	031-404-5315
74	통심정	경기도 광명시 소하2동 사서함 6호 제52 보병사단	
76	안산 광덕정	경기도 안산시 단원구 동산로 179	
77	안산 반월정	경기도 안산시 상록구 오목로 135	031-409-2384
78	안성 마축정	경기도 안성시 양성면 양성로 51-117	031-672-7507
79	안성 비봉정	경기도 안성시 사곡동 산87-1	
80	안성 산하정	경기도 안성시 원곡면 산하리	

고유번호	사정명	주소	연락처
81	안양시 안양정	경기도 안양시 동안구 평촌대로 70(평촌배수지내)	031-456-6467
82	양주 무호정	경기도 양주시 남면 휴암로 284번길 379-82	031-864-0804
83	양평 양강정	경기도 양평군 강상면 진변1길 39-44(강상체육공원내)	031-772-8268
84	양평 양평정	양평군 개군면 개군산로 546-33	
85	여주 가야정	경기도 여주시 강천면 귀안골길 23(강천체육공원 내)	031-882-6100
86	여주 금당정	경기도 여주시 북내면 금당로 260-3(체육공원내)	031-886-5883
87	여주 대룡정	경기도 여주시 대신면 여양로 1500(체육공원내)	
88	여주 대명정	경기도 여주시 가남읍 대명산길 98(가남체육공원)	
89	여주 오갑정	경기도 여주시 점동로 298(테마공원내)	031-884-5249
90	여주 천양정	경기도 여주시 금사면 이여로 1278(근린체육공원내)	031-882-9479
91	여주 청심정	경기도 여주시 영릉로 123-81(종합운동장내)	031-885-2595
92	여주 흥인정	경기도 여주시 흥천면 남산로 671-65	031-884-0688
93	연천 고대정	경기도 연천군 신서면 강변길 145, 신서면궁도장	
94	연천 학소정	경기도 연천군 전곡읍 은대성로 63-81(군립궁도장)	031-832-2101
95	오산 세마정	경기도 오산시 가장산업동로 49	031-664-7170
96	용인 법화정	경기도 안산시 단원구 안산천남로 211번지 108-1306	031-228-2371
97	용인 선봉정	경기도 용인시 처인구 역북동 사서함 505-1-12호	

고유번호	사정명	주소	연락처
98	용인 수양정	경기도 용인시 처인구 백암면 덕평로 2번길 30	
99	용인 용무정	경기도 용인시 처인구 백옥대로 1191번길 114	
100	의왕 의왕정	경기도 의왕시 왕림길 71-21	031-454-5560
101	의정부 용현정	경기도 의정부시 시민로 368-10	031-846-6554
102	이천 설봉정	경기도 이천시 경충대로 2709번길 128	031-635-2505
103	이천 숭무정	경기도 이천시 장호원읍 경충대로 597번길 57-82 사서함900-88	
104	파주 감악정	경기도 파주시 적성면 설마천로 461	
105	파주 경무정	경기도 파주시 파주읍 산 37번지	
106	파주 공릉정	경기도 파주시 조리읍 닻고개길 174-18	
107	파주 광무정	경기도 파주시 광탄면 혜음로 763-1	
108	파주 교하정	경기도 파주시 교하읍 하지석길 165-75	
109	파주시 금호정	파주시 중앙로 160(파주스타디움내)	031-944-5750
110	파주 선무정	경기도 파주시 교하로 740	
111	파주 임월정	경기도 파주시 문산읍 통일로 1920번길 88	031-952-7443
112	파주 탄현정	경기도 파주시 탄현면 새오리로286번길 160	031-946-5508
113	파주 화석정	경기도 파주시 파평면 장마루로 12번길 15	
114	평택 송무정	경기도 평택시 성정북로 125번길 69	031-663-9999

고유번호	사정명	주소	연락처
115	평택 평택정	경기도 평택시 안중읍 학현4길 61(안중레포츠공원내)	031-683-7888
116	평택 화궁정	경기도 평택시 평남로 178-70	031-653-8920
117	포천시 대군정	경기도 포천시 신북면 청신로 906	031-535-3993
118	포천 동부정	경기도 포천시 화현면 지현리 320-1번지	031-531-5583
119	포천 용호정	경기도 포천시 신북면 양지말길 127	031-533-0432
120	포천 포천정	경기도 포천시 신북면 청신로 1660번길 71	031-533-2227
121	화성 남양정	경기도 화성시 비봉면 남이로 417	
122	화성 동탄정	경기도 화성시 장지동 1130번지	
123	화성시 마도정	경기도 화성시 마도면 청원리 산 233-4	
124	화성 비봉정	경기도 화성시 비봉면 남이로 417	
125	화성시 삼성정	경기도 화성시 삼성전자로 1	
126	화성 송산정	경기도 화성시 송산면 고포리 260-18	
127	화성 쌍봉정	경기도 화성시 우정읍 쌍봉로 93	
128	화성 정남정	경기도 화성시 정남면 발산리 51-2	
129	화성 팔탄정	경기도 화성시 팔탄면 구장리 288-2	
130	화성 화산정	경기도 화성시 황계동 51-27	
131	화성 화성정	경기도 화성시 향남읍 도이2길 113-26	031-882-6100

고유번호	사정명	주소	연락처
132	학봉정	강원도 원주시 단구로 154	033-764-4068
133	경포정	강원도 강릉시 임곡로 1-17	033-648-6778
134	동덕정	강원도 동해시 덕골길 10(동해 웰빙스포츠타운 내)	033-532-5556
135	초록정	강원도 동해시 동해대로 4898-5 전천둔치	033-521-5444
136	연무정	강원도 태백시 연무정길 20	033-553-1444
137	설악정	강원도 속초시 관광로 363번길 107	033-635-3450
138	태풍정	강원도 횡성군 횡성읍 한우로 27	033-343-2438
139	죽서정	강원도 삼척시 박걸남로 873	033-575-5555
140	석화정	강원도 홍천군 홍천읍 태학여내길 77-9	033-434-2919
141	화림정	강원도 화천군 하남면 춘화로 3281	033-442-2859
142	금호정	강원도 영월군 영월읍 봉래산로 193	033-374-2281
143	금학정	강원도 철원군 동송읍 이평1로 93	033-455-6247
144	아리리정	강원도 정선군 정선읍 애산리 486(종합경기장내)	033-562-9397
145	해망정	강원도 삼척시 원덕읍 호산리 삼척로 381-1	033-573-6561
146	대관정	강원도 평창군 대관령면 대관령순환로 41	033-335-1223
147	평창정	강원도 평창군 평창읍 평창중앙로 138-43	033-333-1998
148	미석정	강원도 정선군 신동읍 새골 2길 60	033-378-5741
149	백운정	강원도 정선군 고한읍 고토일길 50-43	033-591-0944
150	양록정	강원도 양구군 양구읍 파로호로 993-21	033-482-0111
151	율곡정	강원도 강릉시 연곡면 연주로 188번지(북강릉운동장내)	033-662-7875
152	현산정	강원도 양양군 양양읍 설악로 2624	033-672-4640
153	청옥정	강원도 평창군 미탄면 청옥산길 67-47	033-333-5623

고유번호	사정명	주소	연락처
154	용평정	강원도 평창군 용평면 하용전길 127	033-333-0222
155	수성정	강원도 고성군 간성읍 수성로 111	033-681-1060
156	오대정	강원도 평창군 진부면 경강로 3387-26	033-335-2750
157	두타정	강원도 동해시 삼화로 121	033-532-8257
158	태화정	강원도 평창군 대화면 남산2길 43-3	033-334-8600
159	호반정	강원도 춘천시 스포츠타운길 124-2	033-253-2563
160	웅비정	강원도 원주시 소초면 의관리 사서함 323-31호	
161	무겸정	강원도 평창군 봉평면 방축동길 79-91	033-333-4445
162	해안정	강원도 양구군 해안면 해안서화로 83-19	
163	장찬정	강원도 정선군 임계면 장찬동길 86-1	033-562-8368
164	하늘내린정	강원도 인제군 북면 원통로 117번지 (생활체육공원 내 궁도장)	
165	청태정	강원도 횡성군 둔내면 화동삽교로 356	033-345-0652
166	가섭정	충북 음성군 음성읍 용광로 327	043-873-0207
167	관성정	충북 옥천군 군서면 성왕로 908-12	043-732-4801
168	대성정	충북 단양군 단양읍 상진로61	043-423-3633
169	동학정	충북 보은군 보은읍 동학로 236-22	043-544-5051
170	사호정	충북 괴산군 괴산읍 동진천길 213	043-832-3678
171	삼보정	충북 증평군 증평읍 삼보정길33	043-836-7877
172	성무정	충북 청주시 상당구 남일면 단재로 635 사서함 335-2	
173	약수정	충북 청주시 청원구 내수읍 도원세교로 356	043-221-9997
174	영무정	충북 영동군 영동읍 매천 6길 33	043-744-0684
175	제천옥순정	충북 제천시 수산면 월악로 3247	043-648-5205

고유번호	사정명	주소	연락처
176	우암정	충북 청주시 상당구 우암산로 114	043-221-1500
177	의림정	충북 제천시 세명로 21	043-464-3100
178	중원정	충북 충주시 보라매로 162-11	043-859-5651
179	직지정	충북 청주시 상당구 남일면 고은길67, 성무생활체육공원 내 국궁장 101호	043-276-9338
180	청산정	충북 옥천군 청산면 남부로 2460	043-731-9944
181	청풍명월정	충북 제천시 청풍면 문화재길 30	043-647-0089
182	탄금정	충북 충주시 탄금대안길 105	043-848-9859
183	화당정	충북 청주시 가덕면 상야1길 406-60	
184	화랑정	충북 진천군 진천읍 김유신길 170-42	043-533-9464
185	전주 천양정	전북 전주시 완산구 전주천서로 237	063-284-4853
186	군산 진남정	전북 군산시 개정면 원발산길 49	063-452-8853
187	익산 송백정	전북 익산시 현영동 동서로 5-40	063-855-5841
188	익산 건덕정	전북 익산시 황등면 익산대로 690-1	063-856-4791
189	정읍 필야정	전북 정읍시 서부산업도로 104	063-533-4370
190	정읍 함벽정	전북 정읍시 태인면 정읍북로 1222	063-538-2565
191	남원 관덕정	전북 남원시 소리길 122-23	063-625-3126
192	남원 황산정	전북 남원시 운봉읍 군화동길 74	063-636-6333
193	김제 홍심정	전북 김제시 성산길 40	063-547-2345
194	김제 금만정	전북 김제시 도작로 224-47	063-547-7901

고유번호	사정명	주소	연락처
195	진안 마이정	전북 진안군 진안읍 우화2길 47	063-433-0987
196	장수 벽계정	전북 장수군 장수읍 장천로 250	063-351-2927
197	임실 군자정	전북 임실군 임실읍 호국로1632	063-642-2345
198	임실 오수득가정	전북 임실군 오수면 오수8길 1	063-642-5121
199	순창 육일정	전북 순창군 순창읍 담순로 1414-23	063-653-3137
200	고창 모양정	전북 고창군 고창읍 운동장길36	063-564-9960
201	고창 초파정	전북 고창군 해리면 고습제길 76	063-563-4149
202	고창 장사정	전북 고창군 상하면 송라길40	063-564-8865
203	부안 심고정	전북 부안군 행안면 체육공원길 81	063-584-2652
204	강진 양무정	전남 강진군 강진읍 보은로3길108	061-434-2402
205	강진 관덕정	전남 강진군 병영면 병영성로 175	
206	고흥 봉황정	전남 고흥군 고흥읍 봉남봉동길14-3	061-832-2157
207	고흥 영주정	전남 고흥군 과역면 고흥로 2948-11	
208	고흥 경호정	전남 고흥군 도양읍 동두메2길 12-15	
209	고흥 문무정	전남 고흥군 두원면 두원로 459-9	
210	고흥 흥무정	전남 고흥군 풍양면 고흥로 1126-37	
211	곡성 반구정	전남 곡성군 곡성읍 학정1길 16-12	061-362-3515

고유번호	사정명	주소	연락처
212	광양 유림정	전남 광양시 광양읍 우산공원길74-1	
213	광양 백운정	전남 광양시 광영동 광영큰골길 85	061-792-3234
214	광양 마로정	전남 광양시 가야로 77번길	
215	광양 망덕정	전남 광양시 진월면 중산길 8-5	
216	구례 봉덕정	전남 구례군 구례읍 봉성산길 42	061-782-2405
217	구례 지산정	전남 구례군 산동면 효동길 18	061-781-6388
218	나주 인덕정	전남 나주시 남산길 23	
219	나주 창랑정	전남 나주시 영산강변로99 나주시국궁장	061-334-3405
220	담양 총무정	전남 담양군 담양읍 객사7길37	061-383-3524
221	목포 연무정	전남 목포시 양을로 397번길90	061-274-5559
222	무안 숭덕정	전남 무안군 무안읍 무안로 472-11	061-452-8117
223	무안 청마정	전남 무안군 현경면 공항로 347-83	061-454-6130
224	보성 관덕정	전남 보성군 벌교읍 체육공원길 35	061-857-4901
225	보성 청학정	전남 보성군 보성읍 새싹길 81-12	061-852-2479
226	순천 인향정	전남 순천시 당천죽청길8	061-755-5721
227	순천 환선정	전남 순천시 팔마로333 팔마체육관내 팔마국궁장	061-744-3927
228	신안 용항정	전남 신안군 도초면 서남문로1459-38	061-275-7333
229	여수 무선정	전남 여수시 여천체육공원길 49 망마경기장 내 무선정	

고유번호	사정명	주소	연락처
230	여수 군자정	전남 여수시 오림동 산 91번지	
231	여수 충무정	전남 여수시 자산공원길 54	061-662-5988
232	영광 인의정	전남 영광군 법성면 굴비로 1길 16(휴정,신축 재개정 구상중)	
233	영광 육일정	전남 영광군 영광읍 월현로1길 42	061-351-3349
234	영광 봉대정	전남 영광군 홍농읍 홍농로 846 한빛원자력본부 (사원전용 활터)	
235	영암 열무정	전남 영암군 영암읍 여운재로 21	061-473-2160
236	완도 청해정	전남 완도군 완도읍 농공단지길 42	
237	장성 백학정	전남 장성군 황룡면 홍길동로 431	
238	장흥 흥덕정	전남 장흥군 장흥읍 읍성로 70-1	061-864-5525
239	진도 창덕정	전남 진도군 진도읍 공설운동장길 106	
240	함평 관덕정	전남 함평군 대동면 함장로 1377 함평문화체육센터 내	
241	해남 만수정	전남 해남군 해남읍 해남로 72	061-536-2164
242	화순 모후정	전남 화순군 서평면 모후로 1025-51	
243	화순 영덕정	전남 화순군 능주면 학포로 1922-52	061-372-1227
244	화순 군자정	전남 화순군 동복면 오지호로 202-26	
245	화순 서양정	전남 화순군 화순읍 진각로 85	061-374-3255
246	가야정	경북 성주군 성주읍 대흥리 941-1	053-933-8217
248	권무정	경북 포항시 북구 흥해읍 신흥로 861번길 47-18	054-262-0206

고유번호	사정명	주소	연락처
249	금무정	경북 영천시 금호읍 덕성리 11-9번지	054-332-2830
250	금오정	경북 구미시 3공단 1로 219번지 동락공원내	
251	김산정	경북 김천시 운동장길 1 종합스포츠타운내 궁도장	054-434-1211
252	대무정	경북 청도군 청려로 1882	054-373-8500
253	무릉정	경북 울릉군 울릉읍 봉래길 405-12	054-791-3744
254	무학정	경북 예천군 예천읍 양궁장길 38	054-654-2201
255	문경새재정	경북 문경시 사격장길 155(불정동 산10-1)	
256	삼성현정	경산시 남산면 삼성현공원로 59 경산 역사문화공원 내	054-854-5524
257	상무정	경북 상주시 남산2길 344(낙양동 산 181번지)	054-533-3132
258	성무정	경북 울릉군 서면 남양1길 42-28	054-791-1365
259	송암정	경북 고령군 대가야읍 외리 1178-32	
260	송학정	경북 포항시 남구 희망대로 810 포항종합공설운동장내	054-277-1415
261	송호정	경북 포항시 북구 장미길32번길 17-1	054-244-7817
262	영락정	경북 안동시 북순환로 138(상아동)	054-858-7781
263	영무정	경북 영천시 운동장로96	054-334-3161
264	의무정	경북 의성군 의성읍 동산2길 38-6	054-834-5175
265	일출정	포항시 남구 구룡포읍 눌태길 24번길 18	054-276-2543
266	장산정	경북 경산시 하양읍 대조리 902-1	053-853-2920
268	청량정	경북 봉화군 봉성면 우곡리 533	
269	충무정	경북 영주시 영봉로 97	054-631-2700
270	충의정	경북 상주시 중동면 죽암리 하천 335-2	
271	칠보정	경북 울진군 북면 울진북로 2040	054-781-0033

고유번호	사정명	주소	연락처
272	탈해정	경북 경주시 양남면 동해안로 751 한마음공원 내	054-779-2901
273	삼강정	경북 예천군 풍양면 낙상1길 74-24	054-653-7614
274	호국정	경북 칠곡군 왜관읍 공단로11길 57	054-973-2802 054-973-2802
275	호림정	경북 경주시 원화로 431-79(황성공원 내)	054-743-5933
276	화림정	경북 영덕군 영덕읍 화개리 517번지	054 734-4443
277	공주 관풍정	충남 공주시 관광단지길 30-8	041-855-3130
278	흥관정	충남 금산군 금산읍 방아동4길 22	041-754-2767
279	부여 육일정	충남 부여군 부여읍 가증리 526-5	041-835-2982
280	덕유정	충남 논산시 강경읍 계백로 207번길 48	041-745-4337
281	연무정	충남 논산시 연무읍 연무로166번길 58(연무체육공원내)	041-742-0204
282	당진 학유정	충남 당진시 남산공원길 115(남산공원내)	041-355-2779
283	홍성 홍무정	충남 홍성군 홍성읍 홍덕서로 78(홍주종합운동장내)	041-632-2333
284	서령정	충남 서산시 충의로 359-33	041-665-2073
285	보령정	충남 보령시 남포면 보령남로 345(보령종합경기장내)	041-931-3630
286	예산 예덕정	충남 예산군 예산읍 예산로 354-1(예산공설운동장내)	
287	충무정	충남 아산시 남산로 8번길 12(남산공원내)	041-542-3550
288	천안 천안정	충남 천안시 동남구 목천읍 삼방로 77-31	041-557-7872
289	청무정	충남 청양군 청양읍 청수길 68-12	041-943-3536
291	국수정	충남 당진시 송악읍 장파길 43-172	041-355-0018
292	아산정	충남 아산시 영인면 토정로 430번길 74	041-543-8399

고유번호	사정명	주소	연락처
293	광무정	충남 홍성군 광천읍 홍남로 764-21(생활체육공원내)	041-641-3585
294	지성정	충남 서산시 해미면 산수1길 21-17	041-688-4903
296	망객정	충남 당진시 신평면 신평길 169-21	041-363-0627
297	신도정	충남 계룡시 신도안면 계룡대 1로 13	042-551-5511
298	천안 천궁정	충남 천안시 서북구 백석공단1로 114	041-555-5598
299	태안 소성정	충남 태안군 태안읍 중앙로 271-45	041-675-2276
300	배방정	충남 아산시 배방읍 봉강천로92번길 22-36	041-579-6421
302	천안 거봉정	충남 천안시 서북구 성거읍 천흥4길 72-24	041-554-0288
304	마산 용마정	경남 창원시 마산회원구 양덕서9길 11-5	055-255-1230
305	람덕정	경남 진주시 남강로 751-20(옥봉동)	070-8815-3095
306	남강정	경남 진주시 문산읍 월아산로973(진주스포츠파크 내)	
307	강무정	경남 창원시 의창구 원이대로450(스포츠파크내)	055-261-3890
308	벽해정	경남 창원시 진해구 진해대로 307-A	055-546-3140
309	열무정	경남 통영시 남망공원길29	055-645-3555
310	대덕정	경남 사천시 와룡길5(좌룡동)	055-833-4091
311	금병정	경남 김해시 진영산복로 102번길 16	055-343-2454
312	덕수정	경남 진주시 수곡면 곤수로966-5	055-754-5071
313	홍의정	경남 의령군 가례면 국궁길 21	
314	정심정	경남 의령군 부림면 한지35길 18-10	055-574-2988
315	가야정	경남 함안군 가야읍 함안대로 619-5	055-583-3385
316	와룡정	경남 함안군 군북면 월촌안길118-30	055-582-7496

고유번호	사정명	주소	연락처
317	백이정	경남 함안군 군북면 함마대로 986	055-585-5085
318	강남정	경남 창녕군 남지읍 박진로 1665	
319	관락정	경남 밀양시 하남읍 수산리 419-3번지(체육공원 내)	055-391-0148
320	금무정	경남 거제시 장목면 시루성길 18-29	055-635-0555
321	벽파정	경남 거제시 능포로4길 29-83	
322	계룡정	경남 거제시 계룡로 13길 49	055-632-6494
323	철성정	경남 고성군 고성읍 송학고분로193	055-673-5955
324	관덕정	경남 사천시 사천읍 구암두문로 146-17	055-852-1711
325	금해정	경남 남해군 남해읍 선소로 16번길 34	
326	옥산정	경남 하동군 옥종면 뒷뜰길 87	055-882-8510
327	금오정	경남 하동군 금남면 미법마을길49-20	055-884-6235
328	하상정	경남 하동군 하동읍 신기궁항길 298-25	055-884-2204
329	청호정	경남 산청군 금서면 동의보감로 137	055-972-7841
330	죽죽정	경남 합천군 합천읍 죽죽길 63	055-931-4400
331	창림정	경남 진주시 일반성면 떡보길 13	
332	영봉정	경남 진주시 이반성면 반성로276	055-754-7728
333	화개정	경남 하동군 화개면 섬진강대로 4004	055-884-3852
334	봉화정	경남 김해시 한림면 장방리 228-37번지	055-342-6811
335	부곡정	경남 창녕군 부곡면 온천로 644-19	055-521-0560
336	아림정	경남 거창군 거창읍 심소정길 39-36(스포츠파크 내)	055-942-8810
337	호연정	경남 함양군 함양읍 대실곰실로13(공설운동장내)	055-963-8188
338	횡강정	경남 하동군 횡천면 경서대로1128-4	055-883-7251

고유번호	사정명	주소	연락처
339	수양정	경남 사천시 사천읍 동문4길 48-32	
340	낙홍정	경남 사천시 곤양면 성내공원길 62	
341	이명정	경남 하동군 진교면 구고속도로 1022-4	055-882-2025
342	금성정	경남 하동군 금성면 갈사리 924-112	055-882-2322
343	연무정	경남 거제시 거제면 옥산금성길 22-14	055-632-9504
344	청학정	경남 하동군 청암면 대밭땀길12-18	055-884-5430
345	관덕정	경남 함양군 안의면 강변로190(안의공원내)	055-963-9301
346	성심정	경남 함안군 칠원읍 용산리 산4-2번지(궁도장)	
347	진해정	경남 창원시 진해구 장천동 173	
348	고현정	하동군 고전면 잔너리길 6-32	055-882-3799
349	초팔정	경남 합천군 적중면 우회로550-5	
350	하동용산정	경남 하동군 악양면 성두길27	055-883-3319
351	회야정	양산시 배움터길 60-19	
352	산청정	경남 산청군 신안면 중촌갈전로122	055-973-0037
353	의룡정	경남 합천군 용주면 합천호수로962	055-933-3232
354	장군정	경남 통영시 산양읍 산양중앙로 100 통영산양스포츠파크 내	
355	마륜정	경남 함안군 법수면 국우로 271	
356	춘추정	경남 양산시 유산공단1길 51	
357	창녕정	경남 창녕군 창녕읍 창녕대로295	
358	지덕정	경남 함양군 마천면 덕전길768-1	
359	용산정	경남 창녕군 영산면 구계로 60-18	
360	몽학정	경남 산청군 단성면 목화로 933	

고유번호	사정명	주소	연락처
361	비성충의정	경남 진주시 금산면 송백로 46	
362	지수정	경남 진주시 지수면 지수로434번길 11	
364	산인정	경남 함안군 산인면 입곡공원길224-91	
365	영남정	경남 밀양시 활성로 24-105	055-354-2338
366	생림정	경남 김해시 생림대로 740	
367	제주한라정	제주특별자치도 사라봉동길 74-18 (화북1동, 궁도장)	064-755-4404
368	서귀포천지정	제주특별자치도 서귀포시 중산간서로97-40 (강정동, 강창학공원 내 궁도장)	064-739-5444
369	서귀포삼다정	제주특별자치도 서귀포시 남원읍 중산간동로 6575-17 (궁도장)	064-764-9119
370	서귀포백록정	제주특별자치도 서귀포시 검은여로 2-72 (보목동, 궁도장)	064-733-4454
371	서귀포산방정	제주특별자치도 서귀포시 안덕면 일주서로 1836 (안덕면, 궁도장)	064-794-4000
372	제주미리내정	제주특별자치도 제주시 미리내길 64 (노형동, 궁도장)	064-748-5221
373	안성금광정	경기도 안성시 금광면 내우리 89-3	
374	해성정	부산시 강서구 대저2동 사서함 307-16호	
375	강화정	인천광역시 강화군 강화읍 해안북로 115	032-934-9071
376	첨단정	광주시 광산구 북구 월출동 610-1	062-971-7720
377	보문정	대전시 중구 뿌리공원로 79(뿌리공원 내)	042-586-5556
380	고등정	세종시 소정면 고등삼기길 12	044-863-2791
383	방림정	강원도 평창군 방림면 방림5리	

고유번호	사정명	주소	연락처
384	선운정	전북 고창군 신림면 반룡 5-2	063-562-1477
386	무위정	전남 담양군 담양읍 삼다리 648-9	
387	청호정	경북 청송군 현충로 16	054-873-1500
388	충성정	경북 영천시 고경면 호국로(창하리) 사서함 135호	
389	용운정	경북 상주시 공성면 옥산리 461-16	
390	서천정	충남 서천구 마서면 마서로 402	
391	제승정	경남 창원시 진해구 준원로1길 사서함 605-11-6	
393	시흥 중앙정	경기도 시흥시 시청전원마을길55(장현동)	031-312-4141
394	별빛정	경북 영양군 일월면 주곡리 576-1	
395	진천 법화정	충청북도 진천군 덕산면 교연로 780	
398	남양주 천마정	경기도 남양주시 송산로 53	031-560-1315
399	옥실정	전남 광양시 옥곡면 명주1길 61-126	
400	한산정	경남 통영시 한산면 예곡길 86	

부록, 둘

활터 따라 전국 전통시장 현황

부록 2. 활터 따라 전국 전통시장 현황

1. 서울

연번	이름	위치
1	남대문시장	서울특별시 중구 남창동 49-1
2	동대문종합시장	서울특별시 종로구 종로6가 289-3 동대
3	평화시장	서울특별시 중구 을지로6가 17-48
4	황학동 서울중앙시장	서울특별시 중구 황학동 442
5	광장시장	서울특별시 종로구 예지동 2-1
6	방산시장	서울특별시 중구 주교동 19-1 방산종합시장
7	중부시장	서울특별시 중구 오장동 139-11
8	통인시장	서울특별시 종로구 통인동 10-3
9	경동시장, 청량리시장	서울특별시 동대문구 제기동 일대
10	동묘앞역 벼룩시장	서울특별시 종로구 숭인동 239-9
11	동대문 문구완구거리	서울특별시 종로구 창신동 390-3
12	독립문 영천시장	서울특별시 서대문구 영천동 323
13	서울풍물시장	서울특별시 동대문구 용두동 20-1(골동품 전문 시장)
14	마장동 축산물시장	서울특별시 성동구 마장동 439-1, 4층
15	방학동 도깨비 시장	서울특별시 도봉구 방학동 633-15
16	수유골목 시장	서울특별시 강북구 수유동 316-11
17	돈암제일시장	서울특별시 성북구 동소문동5가 59-1
18	정릉시장	서울특별시 성북구 정릉동 400-8
19	길음시장	서울특별시 성북구 길음동 535-8
20	모래내시장	서울특별시 서대문구 남가좌동 345-4
21	은평 대림시장	서울특별시 은평구 응암동 754-1

연번	이름	위치
22	용문시장	서울특별시 용산구 효창원로40길 13
23	신흥시장	서울특별시 용산구 용산동 2가 1-480
24	후암시장	서울특별시 용산구 후암동 103
25	아현시장	서울특별시 마포구 아현동 327-40
26	우림시장	서울특별시 중랑구 망우동 463-44
27	동부시장	서울특별시 중랑구 답십리동 495-1
28	월드컵시장	서울특별시 마포구 망원동 424-7
29	망원시장	서울특별시 마포구 망원동 486-37
30	공덕시장	서울특별시 마포구 공덕동 256-10
31	장안시장	서울특별시 동대문구 답십리동 66-39
32	현대시장	서울특별시 동대문구 답십리동 967-5
33	자양동 골목시장	서울특별시 광진구 자양동 681-37
34	창동 신창시장	서울특별시 도봉구 창동 578-47
35	사가정시장	서울특별시 중랑구 면목동 472-45
36	면목시장	서울특별시 중랑구 면목동 650
37	면곡시장	서울특별시 광진구 자양동 44-2
38	중곡제일시장	서울특별시 광진구 중곡동 221-6번지
39	노룬산골목시장	서울특별시 광진구 자양동 681-37
40	성동구 금남시장	서울특별시 성동구 금호동3가 308
41	마포농수산물시장	서울특별시 마포구 성산동 533-1
42	수일시장	서울특별시 은평구 수색동 184-9
43	연서시장	서울특별시 은평구 불광동 310-4
44	불광시장	서울특별시 은평구 불광동 184-9
45	대조전통시장	서울특별시 은평구 대조동 14-64

연번	이름	위치
46	역촌중앙시장	서울특별시 은평구 역촌동 298-7
47	공릉동 도깨비시장	서울특별시 노원구 공릉1동 566-20
48	행당시장	서울특별시 성동구 행당동 298-11

2. 전국 5일장

가. 강원도

연번	지역	구체적 위치	장날(날짜)
1	평창군	대화 시장	4, 9일
2	평창군	진부장, 진부시장	3, 8일
3	평창군	봉평 5일장, 봉평시장	2, 7일
4	삼척시	호산장, 원덕 호산 시장	5, 10일
5	삼척시	근덕장, 근덕교 가시장	1, 6일
6	춘천시	춘천 풍물시장, 풍물장	2, 7일
7	영월군	주천 시장	1, 6일
8	영월군	덕포장	4, 9일
9	화천군	화천장	3, 8일
10	정선군	여량장	1, 6일
11	정선군	정선아리랑 시장	2, 7일
12	정선군	임계 사통팔달 시장, 임계장	5, 10일
13	태백시	통리장	5, 15, 25일

연번	지역	구체적 위치	장날(날짜)
14	태백시	장성 5일장, 장성 중앙시장	4일, 14일, 24일
15	원주시	원주 5일장, 원주 민속풍물시장	2, 7일
16	양구군	양구장, 양구 중앙시장	5, 10일
17	양양군	양양전통시장	4, 9일
18	동해시	북평민속오일장	3, 8일
19	철원군	신철원 시장	3, 8일
20	철원군	동송장, 동송시장	5, 10일
21	고성군	거진장, 고성 거진시장	1, 6일
22	인제군	인제장	4, 9일
23	홍천군	홍천 중앙시장	1, 6일

나. 경기도

연번	지역	시장 이름	장날(날짜)
1	가평군	가평 현리 5일장	4, 9일
2	가평군	잣 고을 시장	5, 10일
3	가평군	청평 5일장	2, 7일
4	가평군	설악 5일장	1, 6일
5	양평군	양수리 5일장 + 상설 전통시장	1, 6일
6	양평군	용문 천년 시장, 용문 전통시장	5, 10일
7	양평군	양평장 5일장, 양평시장	3, 8일
8	남양주시	장현 5일장	2, 7일
9	남양주시	광릉 5일장	4, 9일

연번	지역	시장 이름	장날(날짜)
10	남양주시	마석 5일장	3, 8일
11	김포시	김포 5일장	2, 7일
12	김포시	양곡 5일장	1, 6일
13	김포시	마송 5일장	3, 8일
14	김포시	하성 5일장	4, 9일
15	하남시	덕풍 5일장	4, 9일
16	성남시	모란장, 모란민속시장	4, 9일
17	여주시	율촌 시장 5일장	4, 9일
18	여주시	가남 시장 5일장	1, 6일
19	여주시	제일시장 5일장	5, 10일
20	여주시	여주장 5일장	5, 10일
21	연천군	연천장 5일장	2, 7일
22	연천군	신서 5일장	1, 6일
23	연천군	전곡 5일장	4, 9일
24	고양시	일산 민속 5일장	3, 8일
25	고양시	능곡시장 5일장	2, 7일
26	이천시	장호원 재래시장	4, 9일
27	이천시	관고 전통시장	2, 7일
28	파주시	금촌장 5일장	1, 6일
29	파주시	연풍장 5일장	1, 6일
30	파주시	광탄장 5일장	3, 8일
31	파주시	신산장 5일장	5, 10일
32	파주시	법원장 5일장	3, 8일
33	파주시	봉일천장 5일장	2, 7일

연번	지역	시장 이름	장날(날짜)
34	파주시	적성장 5일장	5, 10일
35	파주시	문산장 5일장	4, 9일
36	용인시	용인중앙시장	5, 10일
37	용인시	백암장 5일장	1, 6일
38	용인시	용인장 5일장	5, 10일
39	안성시	안성맞춤 시장 5일장	2, 7일
40	안성시	중앙시장 5일장	2, 7일
41	안성시	죽산시장 5일장	5, 10일
42	평택시	안중 5일장	1, 6일
43	평택시	안정 5일장	3, 8일
44	평택시	통복 5일장	5, 10일
45	평택시	서정 5일장	2, 7일
46	평택시	송북 5일장	4, 9일
47	광주시	경안시장 5일장	3, 8일
48	안산시	시민시장 5일장	5, 10일
49	오산시	오산 오색시장 5일장	3, 8일
50	포천시	내리 5일장	1, 6일
51	포천시	양문 5일장	4, 9일
52	포천시	이동 5일장	3, 8일
53	포천시	일동 5일장	2, 7일
54	포천시	송우 5일장	4, 9일
55	포천시	신읍 5일장	5, 10일
56	포천시	운천 5일장	4, 9일
57	포천시	관인 5일장	2, 7일

연번	지역	시장 이름	장날(날짜)
58	화성시	남양시장 5일장	1, 6일
59	화성시	사강시장 5일장	2, 7일
60	화성시	조암시장 5일장	4, 9일
61	화성시	발안 만세 시장	5, 10일
62	강화군	길상 공설시장	4, 9일

다. 경상북도 지역

□ 대구

연번	지역	시장 이름	장날(날짜)
1	대구광역시 달성군	현풍장	5, 10일
2	대구광역시 동구	불로장, 불로 전통시장	5, 10일

□ 경상북도

연번	지역	시장 이름	장날(날짜)
1	상주시	곤성장	1, 6일
2	상주시	함창장	1, 6일
3	상주시	상주장, 상주 중앙시장	2, 7일
4	경산시	경산장	5, 10일
5	경산시	자인장	3, 8일
6	경산시	하양꿈바우 시장, 하양장	4, 9일
7	포항시	청하장	1, 6일

연번	지역	시장 이름	장날(날짜)
8	포항시	장기장	4, 9일
9	구미시	구미 해평 시장	-
10	구미시	장천장	5, 10일
11	구미시	구미장, 구미 중앙시장	1, 6일
12	구미시	선산 5일장	2, 7일
13	청도군	풍각장	1, 6일
14	청도군	동곡장	1, 6일
15	영주시	풍기장	3, 8일
16	영주시	영주장, 신영주번개시장	5, 10일
17	영덕군	영덕장	4, 9일
18	영덕군	강구장	3, 8일
19	영덕군	영해 만세 시장, 영해 관광시장	5, 10일
20	문경시	신흥장	3, 8일
21	문경시	농암시장	5, 10일
22	영천시	영천장	2, 7일
23	영천시	금호장	3, 8일
24	영천시	신령장, 신녕장	3, 8일
25	안동시	안동 중앙 신시장	2, 7일
26	안동시	풍산장, 안동 풍산시장	3, 8일
27	안동시	도산장, 온혜장	5, 10일
28	안동시	길안장, 천지장	5, 10일
29	안동시	안동장, 안동 구시장	2, 7일
30	안동시	구담장, 안동 구담시장	4, 9일
31	포항시	기계장	1, 6일

연번	지역	시장 이름	장날(날짜)
32	포항시	흥해장	2, 7일
33	포항시	신광장	5, 10일
34	울진군	평해장	2, 7일
35	울진군	울진장	2, 7일
36	칠곡군	왜관장	1, 6일
37	칠곡군	약목장	3, 8일
38	봉화군	억지춘양 5일장	4, 9일
39	봉화군	봉화시장	2, 7일
40	영양군	영양시장	4, 9일
41	청송군	청송장, 청송 재래시장	4, 9일
42	고령군	고령 대가야시장, 고령장	4, 9일
43	예천군	예천장	2, 7일
44	성주군	성주장	2, 7일
45	군위군	군위장	3, 8일
46	의성군	의성장	2, 7일
47	의성군	단촌장	5, 10일
48	의성군	다인장	2, 7일
49	의성군	탑산장	1, 6일
50	의성군	안계장	1, 6일
51	의성군	봉양장, 도리원장	4, 9일
52	의성군	옥산장	3, 8일
53	의성군	신평장	5, 10일
54	의성군	안평장	3, 8일
55	의성군	의성 중앙시장, 염매시장	매일

연번	지역	시장 이름	장날(날짜)
56	경주시내	중앙시장	2, 7일
57	경주시 동부	감포시장	3, 8일
58	경주시 동부	양북시장	5, 10일
59	경주시 동부	양남시장	4, 9일
60	경주시 북부	안강시장	4, 9일
61	경주시 북부	황성 시장	5, 10일
62	경주시 불국사인근	불국사 시장	4, 9일
63	경주시 불국사인근	불국 공설시장	3, 8일
64	경주시 서부	건천시장	5, 10일
65	경주시 서부	서면시장	1, 6일
66	경주시 서부	산내 시장	3, 8일

라. 경상남도 지역

□ 부산, 울산

연번	지역	시장 이름	장날(날짜)
1	부산광역시 북구	구포장, 구포시장	3, 8일
2	부산광역시 금정구	오시게 시장	2, 7일
3	부산광역시 사하구	하단 5일 상설시장	2, 7일
3	부산광역시 기장군	송정시장	5, 10일
5	울산광역시 울주군	언양장, 언양 알프스 시장	2, 7일
6	울산광역시울주군	남창장, 남창 옹기종기 시장	3, 8일
7	울산광역시북구	호계장, 호계 공설시장	1, 6일

□ 경상남도

연번	지역	시장 이름	장날(날짜)
1	거제시	거제장, 거제시장	4, 9일
2	창원시	경화장	3, 8일
3	거창군	거창장	1, 6일
4	남해군	남면장	4, 9일
5	남해군	남해장	2, 7일
6	밀양시	무안장	1, 6일
7	밀양시	밀양장	2, 7일
8	밀양시	삼랑진장	4, 9일
9	밀양시	수산장	3, 8일
10	밀양시	송백장	5, 10일
11	사천시	곤양장, 곤양 종합시장	5, 10일
12	사천시	삼천포 중앙시장	4, 9일
13	사천시	사천읍시장	5, 10일
14	사천시	서포장, 서포시장	4, 9일
15	산청군	덕산시장	4, 9일
16	산청군	산청시장	1, 6일
17	산청군	생초시장	3, 8일
18	산청군	단성장	5, 10일
19	양산시	양산 남부시장	1, 6일
20	양산시	석계장	4, 9일
21	하동군	악양장	1, 6일
22	하동군	옥종장	3, 8일

연번	지역	시장 이름	장날(날짜)
23	하동군	계천장	5, 10일
24	하동군	북천장, 북천 시장	4, 9일
25	의령군	의령장	3, 8일
26	의령군	궁류장	1, 6일
27	진주시	금곡장	1, 6일
28	진주시	대곡장	1, 6일
29	진주시	진주 문산장	4, 9일
30	진주시	진주 일반성장	3, 8일
31	창녕군	창녕장, 창녕시장	3, 8일
32	창녕군	남지시장	2, 7일
33	함안군	군북장, 군북 전통시장	4, 9일
34	함안군	대산장, 대산 전통시장	1, 6일
35	함안군	칠원장, 칠원 전통시장	3, 8일
36	함양군	함양 토종약초시장	5, 10일
37	함양군	안의장	5, 10일
38	함양군	함양장, 함양 중앙시장	2, 7일
39	함양군	서상장	4, 9일
40	함양군	마천장	5, 10일
41	합천군	합천장	3, 8일
42	합천군	초계장	5, 10일
43	합천군	가야장	5, 10일

부록, 둘

마. 전라남도 지역

□ 광주

연번	지역	시장 이름	장날(날짜)
1	광주광역시광산구	송정 5일장	3, 8일
2	광주광역시광산구	비아 5일 시장	1, 6일

□ 전라남도

연번	지역	시장 이름	장날(날짜)
1	장성군	황룡장	4, 9일
2	장성군	사창장	2, 7일
3	화순군	동복장, 동복 재래시장	2, 7일
4	화순군	능주장, 능주 전통시장	5, 10일
5	화순군	화순장, 화순 전통시장	3, 8일
6	화순군	춘양장, 춘양 재래시장	2, 7일
7	해남군	해남장	1, 6일
8	해남군	남창장	2, 7일
9	담양군	창평장	5, 10일
10	담양군	담양장, 죽물시장	2, 7일
11	담양군	대치장, 대전장	3, 8일
12	진도군	진도장, 진도 조금시장	2, 7일
13	진도군	의신장	1, 6일
14	진도군	십일시장	4, 10일
15	무안군	일로장	1, 6일

연번	지역	시장 이름	장날(날짜)
16	무안군	망운장	1, 6일
17	무안군	무안장	4, 9일
18	곡성군	옥과장	4, 9일
19	곡성군	석곡장	5, 10일
20	곡성군	곡성장, 곡성 기차마을 시장	3, 8일
21	완도군	완도장	5, 10일
22	순천시	순천 아랫장	2, 7일
23	여수시	서시장	4, 9일
24	여수시	덕양장	3, 8일
25	보성군	예당장	5, 10일
26	보성군	벌교장	4, 9일
27	보성군	보성장, 녹차골 보성 향토시장	2, 7일
28	보성군	조성 시장	3, 8일
29	장흥군	장흥 5일장	2, 7일
30	장흥군	용산장	1, 6일
31	영암군	신북장	3, 8일
32	영암군	시종장	2, 7일
33	영암군	독천장	4, 9일
34	영암군	구림장	2, 7일
35	영암군	영암장	5, 10일
36	강진군	마량장	3, 8일
37	강진군	강진시장	4, 9일
38	나주시	남평장	1, 6일
39	나주시	공산장	1, 6일

연번	지역	시장 이름	장날(날짜)
40	나주시	영산포 풍물시장, 영산장	5, 10일
41	고흥군	과역 5일장	5, 10일
42	고흥군	고흥장	4, 9일
43	구례군	산동장	2, 7일
44	구례군	구례5일장, 구례 전통시장	3, 8일
45	광양시	광양5일장	1, 6일
46	함평군	함평장	2, 7일

바. 전라북도 지역

연번	지역	시장 이름	장날(날짜)
1	무주군	안성장	5, 10일
2	무주군	무주 반딧불시장, 무주 반딧불장터	1, 6일
3	완주군	삼례 정기시장	3, 8일
4	완주군	봉동시장	5, 10일
5	완주군	운주 정기시장	1, 6일
6	고창군	해리장	4, 9일
7	고창군	흥덕장	4, 9일
8	고창군	부안장	5, 10일
9	고창군	고창장	3, 8일

연번	지역	시장 이름	장날(날짜)
10	고창군	대산장	2, 7일
11	고창군	무장장	5, 10일
12	임실군	관촌시장	5, 10일
13	임실군	강진시장	2, 7일
14	임실군	오수 상설시장, 오수 5일장	5, 10일
15	임실군	임실장, 임실시장	1, 6일
16	익산시	금마장	2, 7일
17	익산시	여산장	1, 6일
18	장수군	산서장	2, 7일
19	장수군	장계장	3, 8일
20	장수군	장수장	5, 10일
21	남원시	인월장, 인월시장	3, 8일
22	남원시	남원장, 남원 공설시장	4, 9일
23	남원시	운봉 장, 운봉 공설시장	1, 6일
24	순창군	순창 5일장, 순창시장	1, 6일
25	순창군	복흥장	3, 8일
26	김제시	김제장	2, 7일
27	김제시	원평장	4, 9일
28	군산시	대야장	1, 6일
29	부안군	줄포장	1, 6일
30	진안군	진안장, 진안시장	4, 9일

사. 충청남도 지역

연번	지역	시장 이름	장날(날짜)
1	홍성군	갈산장	3, 8일
2	홍성군	광천장	4, 9일
3	홍성군	홍성장	1, 6일
4	예산군	광시 시장	3, 8일
5	예산군	고덕장	3, 8일
6	예산군	예산 역전시장	3, 8일
7	예산군	예산장, 예산시장	5, 10일
8	당진시	당진장	5, 10일
9	당진시	합덕장, 버그내장	1, 6일
10	서천군	비인장	4, 9일
11	서천군	판교장	5, 10일
12	서천군	한산 5일장	1, 6일
13	서천군	장항장	3, 8일
14	천안시	아우내장, 병천 5일장	1, 6일
15	천안시	성환장, 성환 이화 시장	1, 6일
16	청양군	정산장	5, 10일
17	청양군	청양장	2, 7일
18	부여군	홍산장	2, 7일
19	부여군	부여장, 백마강 달밤 야시장	5, 10일
20	금산군	금산장	2, 7일

아. 충청북도 지역

연번	지역	시장 이름	장날(날짜)
1	단양군	평동장	4, 9일
2	단양군	영춘장	3, 8일
3	단양군	단양장, 단양 구경시장	1, 6일
4	보은군	원남장	3, 8일
5	보은군	관터장, 관기 재래시장	4, 9일
6	영동군	용산장	5, 10일
7	영동군	영동장	4, 9일
8	영동군	상촌장	1, 6일
9	음성군	음성장	2, 7일
10	음성군	감곡장, 감곡시장	3, 8일
11	음성군	삼성시장, 모란장	1, 6일
12	음성군	무극장, 무극시장	5, 10일
13	청주시	오창장	3, 8일
14	청주시	미원장	4, 9일
15	청주시	내수장	5, 10일
16	괴산군	괴산장, 괴산 산막이 시장	3, 8일
17	괴산군	청천 푸른 내시장, 괴산시장	1, 6일
18	진천군	진천장	5, 10일
19	충주시	충주 민속5일장, 풍물시장	5, 10일
20	옥천군	옥천장	5, 10일

자. 대전, 세종시

연번	지역	시장 이름	장날(날짜)
1	대전광역시 대덕구	신탄진장	3, 8일
2	대전광역시 유성구	유성장	4, 9일
3	세종시	전의장, 전의 전통시장	2, 7일
4	세종시	대평장, 금남대평시장	2, 7일
5	세종시	세종전통시장	4, 9일
6	세종시	부강장, 부강 전통시장	5, 10일

차. 제주

연번	지역	시장 이름	장날(날짜)
1	서귀포시	고성 5일 시장	4, 9일
2	서귀포시	대정 5일 시장	1, 6일
3	서귀포시	서귀포 향토 5일 시장	4, 9일
4	서귀포시	성산 5일장	1, 6일
5	서귀포시	중문향토오일시장	3, 8일
6	서귀포시	표선 5일 시장	2, 7일
7	제주시	세화 5일장	5, 10일
8	제주시	제주장, 민속 5일 시장	2, 7일
9	제주시	한림 민속 5일 시장	4, 9일

부록, 셋

활터 따라 전국 유명전통주 현황

부록 3. 활터 따라 전국 유명전통주 현황

가. 서울

연번	이름	주종	주재료	특징
1	삼해주	약주	쌀, 누룩	서울무형문화재 제8호, 세번 발효시켜 걸러내는 삼양주, 맛과 향이 뛰어남
2	삼해소주	증류식 소주	쌀	조선시대 중엽부터 삼해주를 증류하여 만든 고급 소주, 상당한 사치품
3	송절주	약주	쌀, 누룩	서울무형문화재 제2호, 16세기부터 약용으로 빚어진 술
4	향온주	증류식 소주	녹두누룩	서울무형문화재 제9호, 왕이 마시던 어주, 하동 정씨 집안의 가양주
5	약산춘	약주	쌀, 누룩	서울 약현에서 빚던 술, 서울의 토속주로 유명
6	합주	탁주	쌀, 누룩	조선시대 상류층에서 선호하던 고급 탁주, 청주와 탁주를 합한 술

나. 강원도 지역

연번	지역	이름	주종	주재료	특징
1	삼척군	불술	약주	쌀, 엿기름, 누룩	짚불을 이용해 만들어 도수가 높고 달콤함
2	횡성군	율무주	약주	율무, 멥쌀	와인 맛이 나는 것이 특징
3	평창군	감자술	약주	감자, 쌀	'서주'라고도 불리며 감자와 쌀로 만듦
4	춘천시	강냉이술	약주	옥수수	'한옥로'라는 이름으로 상품화된 적 있음

다. 경기도 지역

연번	지역	이름	주종	주재료	특징
1	인천광역시	칠선주	약주	쌀, 일곱가지 약재	조선 정조 때 궁중에 진상된 술, 신선처럼 오래산다는 이야기
2	화성시	부의주	약주	쌀, 누룩	경기무형문화재 2호, 고려 시대부터 빚어진 술, 밥알이 동동 떠 있음
3	안산시	옥로주	증류식 소주	율무	경기도 무형문화재 제12호, 대한민국식품명인 제10호 유민자 선생 전승
4	광주시	남한산성소주	증류식 소주	쌀, 조청	경기무형문화재 13호, 남한산성을 축조한 조선 선조 때부터 빚어짐
5	안성시	한주	증류식 소주	쌀	송절주 기능 보유자인 이성자 명인 제조, 500년 역사의 증류 방식 사용
6	고양시	주교주	약주	쌀, 누룩	배다리 술도가를 5대째 이어온 밀양 박씨 집안의 가양주, 월계수잎을 띄워 먹음
7	김포시	특주	약주	쌀	조선시대 말부터 이어져온 백일주의 한 종류, 김포쌀로 만들어짐
8	안양시	옥미주	약주	옥수수, 현미	남평 문씨 가문의 가양주, 담황색이 나며 부드러운 감칠맛이 특징
9	안성시	토속주	약주	쌀, 인삼가루, 강냉이	안성 지방에서 전통적으로 빚어오던 민속주
10	시흥시	해주	약주	쌀	대구 서씨 가문의 가양주, 별바랑이라는 이름으로 상품화됨

라. 경상도 지역

연번	지역	이름	주종	주재료	특징
1	경주시	경주교동법주	기타 주류	쌀, 누룩	국가무형문화재 제86-3호, 300년 전통
2	김천시	과하주	기타 주류	쌀, 누룩	경상북도 무형문화재 제11호, 대한민국식품명인 제17호 송강호 선생 전승

연번	지역	이름	주종	주재료	특징
3	부산광역시	산성 막걸리	탁주	쌀, 누룩	대한민국 식품명인 제49호 유청길 명인 제조, 1909년부터 화전민 생계수단으로 시작
4	칠곡군	설련주	약주	쌀, 백련꽃	대한민국식품명인 제74호 곽우선 선생 제조
5	함양군	솔송주	약주	쌀, 누룩, 송순, 솔잎	경상남도 무형문화재 제35호, 대한민국식품명인 제27호 박흥선 선생 전승
6	안동시	송화주	약주	쌀, 누룩, 솔잎, 국화	경북무형문화재 제20호, 전주유씨 정재종택 가양주
7	안동시	안동 소주	증류식 소주	쌀	식품명인 제6호 박재서 명인, 식품명인 제20-가호 김연박 명인 제조, 경북무형문화재 제12호
8	대구광역시	하향주	약주	쌀, 누룩	대구광역시 무형문화재 제11호, 밀양 박씨 집안 전승
9	문경시	호산춘	약주	찹쌀, 멥쌀, 누룩, 솔잎	경상북도 무형문화재 제18호, 장수 황씨 집안 가양주
10	함양군	국화주	약주	쌀, 국화	일제 가양주 금지령 후 부활, '지리산 국화주' 상표로 판매
11	고령군	스무주	약주	쌀, 누룩	성산 이씨 문중 가양주, 발효 기간 20일
12	영양군	초화주	일반 증류주	쌀, 벌꿀, 12종 약재	고려시대부터 유래, 예천 임씨 집안 가양주
13	합천군	고가 송주	약주	찹쌀, 솔잎, 누룩, 엿기름	합천 은진 송씨 문중 가양주
14	봉화군	선주	리큐르	쌀, 오가피	봉화 명호면 김의동 가 가양주, 도수 40도, 숙취 적음
15	경주시	황금주	약주	쌀, 누룩, 국화	신라시대부터 유래, 황금 같은 색과 국화향
16	밀양시	교동 방문주	약주	쌀, 누룩	교동 밀성 손씨 가문 전수, 맑은 황금색
17	남해군	유자주	약주	쌀, 유자	조선시대부터 유래, 유자빛과 향
18	구미시	선산 약주	약주	쌀, 솔잎	조선초 김종직 개발, 금오서원에서 즐겨 마신 술

마. 전라남도 지역

연번	지역	이름	주종	주재료	특징
1	보성군	강하주	기타 주류	쌀, 누룩	전라남도 무형문화재 제45호 탁주와 청주 혼합
2	강진군	병영소주	증류식 소주	보리	대한민국식품명인 제61호 김견식 명인 제조, 보리 특유의 고소한 향
3	해남군	진양주	약주	쌀, 누룩	전라남도 무형문화재 제25호, 광산 김씨 가문의 가양주
4	담양군	추성주	일반 증류주	쌀, 누룩	대한민국 식품명인 제22호 양대수 명인 제조, 조선시대 상납주
5	진도군	홍주	리큐르	소주, 붉은 약재	전라남도 무형문화재 제26호, 아름다운 붉은색
6	순천시	사삼주	약주	쌀, 더덕	보성 박씨 가문의 가양주, 쌉쌀한 맛과 더덕향
7	완도군	삼지구엽주	리큐르	삼지구엽초, 대추	건강을 위해 전통적으로 만든 민속주, 도수 45~50도
8	영광군	아랑주	청주	쌀, 누룩	고려시대 원 간섭기때 몽고에서 유래, 화주 또는 과하주
9	부안군	팔선주	약주	마가목, 음정목, 노나무, 오가피 등 8가지 약재	부안 내변산 지역의 전통주
10	전주시	장군주	기타 주류	쌀, 소주	언양김씨 가문의 가양주, 청주의 발효과정 중 소주 첨가
11	전주시	송죽오곡주	약주	쌀, 오곡, 약재	모악산 수왕사에서 진묵대사 때부터 제조, 약용주
12	담양군	죽통주	약주	쌀, 누룩	죽통 안에서 술을 숙성시킴, 대나무가 많은 지역에서 제조

바. 전라북도 지역

연번	지역	이름	주종	주재료	특징
1	김제시	송순주	기타 주류	쌀, 누룩	전북무형문화재 제6-1호, 솔향이 좋기로 유명, 전승자 없음
2	완주군	송화백일주	리큐르	쌀, 누룩	전라북도 무형문화재 제6-4호, 진과 비슷한 맛과 향
3	전주시	이강고	-	-	조선 3대 명주 중 하나
4	정읍시	죽력고	-	-	조선 3대 명주 중 하나
5	익산시	호산춘	약주	쌀, 누룩	가람 이병기 선생 가문의 가양주, 궁중술

사. 제주도

연번	지역	이름	주종	주재료	특징
1	서귀포시	고소리술	증류식 소주	쌀, 누룩	제주특별자치도 무형문화재 제11호, 대한민국식품명인 제84호 김희숙 선생 전승, 달큰한 곡물향과 약간의 탄내, 알코올감 적음
2	서귀포시	오메기술	약주	오메기떡	제주특별자치도 무형문화재 제3호, 대한민국식품명인 제68호 강경순 선생 전승
3	제주시	오합주	약주	꿀, 계란, 참기름, 생강	다섯 가지 재료로 빚은 술, 오래 보관할 수 없어 적당한 양만 만듦
4	제주시	강술	약주	차조가루, 누룩	반고체 상태의 술, 물을 타서 마시는 인스턴트식 전통주
5	서귀포시	허벅술	청주	쌀	오조리 마을에서 마을 축제를 위해 만든 술, 허벅에 넣고 후숙시킴
6	제주시	마농술	담금주	마늘, 소주	소주에 마늘을 넣어 만든 술, 마늘을 여과하지 않고 넣은 채 마심

아. 충청남도 지역

연번	지역	이름	주종	주재료	특징
1	논산시	가야곡 왕주	약주	쌀, 국화, 구기자, 솔잎 등	대한민국식품명인 제13호 남상란 선생 제조, 명성황후의 친정 가양주
2	공주시	계룡백일주	약주	쌀, 누룩	충청남도 무형문화재 제7호, 전승자는 대한민국식품명인 제4-가호 이성우 선생
3	청양군	구기자주	약주	구기자 열매, 잎, 뿌리	충청남도 무형문화재 제30호, 전승자는 대한민국식품명인 제11호 임영순 선생
4	금산군	금산인삼주	약주	쌀, 인삼	충청남도 무형문화재 제19호, 전승자는 대한민국식품명인 제2호 김창수 선생
5	당진시	면천두견주	약주	쌀, 진달래 꽃잎	국가무형문화재 제86-2호, 전승자는 대한민국식품명인 제15호 박승규 선생 (사망 후 사단법인 면천두견주보존회에서 생산)
6	아산시	연엽주	약주	쌀, 누룩	충청남도 무형문화재 제11호, 아산 외암 마을 참판댁에서 재래방식으로 주조
7	당진군	연잎주	탁주	쌀, 연잎	대한민국식품명인 제79호 김용세 선생 제조, 백련생막걸리라는 상표로 판매
8	서천군	한산소곡주	약주	쌀	충청남도 무형문화재 제3호, 진하고 달콤한 맛, '앉은뱅이 술'이라는 별명

자. 충청북도 지역

연번	지역	이름	주종	주재료	특징
1	보은군	송로주	일반 증류주	쌀, 누룩	충청북도 무형문화재 제3호, 평산신씨 집안의 가양주

연번	지역	이름	주종	주재료	특징
2	청주시	신선주	약주	쌀, 앉은뱅이밀, 10가지 약재	충청북도 무형문화재 제4호, 대한민국식품명인 제88호 박준미 선생 전승
3	충주시	청명주	약주	쌀, 누룩	충청북도 무형문화재 제2호, 김해 김씨 가문의 가양주
4	제천시	고본주	리큐르	쌀, 고본 약초	'월악산 고본주'라는 상표로 생산, 제천시 지원으로 상품화
5	청주시	대추술	약주	쌀, 대추	청주 상당산성의 한옥마을에서 대대로 전승, 성을 지키던 무인들을 위해 빚어진 술
6	단양군	송순주	약주	쌀, 누룩, 소백산 약초	조선시대부터 제조, 소백산 신선주라는 이름으로 재현
7	보은군	쌀술	과하주	쌀, 소주	보은의 향토주, 발효과정 전 소주를 첨가해 주정 강화

차. 대전 광역시

연번	지역	이름	주종	주재료	특징
1	대전광역시	송순주	약주	쌀, 소나무 새순	대전무형문화재 제9-1호, 전승자는 윤자덕 명인, 송촌동 은진 송씨 가문의 가양주
2	대전광역시	국활주	약주	쌀, 국화꽃	대전무형문화재 제9-2호, 전승자는 윤자덕 명인, 송촌동 은진 송씨 가문의 가양주
3	대전광역시	대덕주	약주	쌀, 누룩	신탄진에 있던 진주유씨 종가의 제사주, 상품화하며 대덕주라는 이름으로 불림

활 내는 할아버지의 **활터탐방**
DMZ에서 제주도까지

초판 1쇄 발행 | 2025년 4월 16일
초판 2쇄 발행 | 2025년 5월 16일
초판 3쇄 발행 | 2025년 7월 16일

지은이 | 서진수
펴낸이 | 김미혜

교정·감수 | 김민정
디 자 인 | 정혜윤
일 러 스 트 | 김라온

펴 낸 곳 | 도서출판 애플북
홈페이지 | applebook.co.kr
전화번호 | 010-7795-5701
이 메 일 | appled@daum.net
출판등록 | 2020년 7월 3일
등록번호 | 제345-2020-000013호

I S B N | 979-11-93285-85-5 (13090)
납본번호 | 202507-PM-000055
ⓒ 서진수, 2025

책값은 뒤표지에 있습니다.
파본은 구입하신 서점에서 교환해드립니다.
이 책은 저작권법에 따라 보호받는 저작물이므로, 무단 전재와 복제를 금합니다.